Et si vous appreniez le Bonheur…

Journaliste, photographe,
réalisateur de court-métrages,
Philippe Bourreau vit dans l'Isère.
« Et si vous appreniez le Bonheur »
est son premier essai.

Philippe BOURREAU

Et si vous appreniez le Bonheur…

Petit manuel du Bonheur au quotidien

Essai

© Philippe Bourreau 2021
ISBN 9782322260805
Édition : BoD – Books on Demand,
12/14 rond-point des Champs-Élysées,
75008 Paris.
Impression : BoD - Books on Demand,
Norderstedt, Allemagne

Le bonheur est un parfum
que l'on ne peut répandre sur les autres
sans en faire rejaillir
quelques gouttes sur soi-même.

Ralph Waldo Emerson

Et si vous appreniez
le Bonheur ?

De tout temps, l'être humain a aspiré au bonheur. Qu'il soit présent ou à venir.

Mais qu'est-ce vraiment que le bonheur ? Si l'on se contente de la définition du dictionnaire, alors il s'agirait de bonne chance, de circonstance favorable, d'un état de complète satisfaction, de joie ou de plaisir lié à une circonstance. Personnellement, j'aime assez cette définition simple mais qui me paraît juste : « le bonheur est un état de satisfaction complète caractérisé par sa stabilité et sa durabilité ».

Cette définition va à l'encontre de celle de Jacques Salomé, qui pense qu'il n'y a que des instants de bonheur « pétillant, ardent, incomparable » alors que j'estime, au contraire, que le bonheur peut être un état permanent, à condition que l'on le considère dans sa globalité temporelle, que l'on en prenne pleinement conscience sans toujours attendre davantage. Un bonheur simple est un bonheur. À toujours attendre qu'il arrive, il se peut que l'on passe tout simplement à côté.

Le bonheur, on le présente souvent comme le but que tout homme cherche à atteindre, consciemment ou non.

Mais, si l'on partait du préambule, comme un apostolat, qu'il n'y a pas de chemin qui mène au bonheur, que le chemin est le bonheur !?

Une fois ce constat fait, je vous propose de vous accompagner sur ce chemin de la vie en vous prodiguant quelques conseils qui feront de ce chemin un véritable moment de bonheur ! Loin des écrits des philosophes (surtout contemporains) qui rivalisent de mots savants et des formules alambiquées, de références et de concepts abstraits, davantage destinés à démontrer leur érudition qu'à être compris, je vous propose au contraire d'aborder le thème du bonheur d'un point de vue pratique, dans le but de vous aider à atteindre, autant que faire se peut, cet état de satisfaction complète. La théorie n'a de sens que si l'on peut l'appliquer. Alors, soyons aussi concrets que possible.

Pas de leçons ici, mais des conseils, simples, souvent de bons sens, qui ont pour base quatre piliers, quatre lettres, comme autant de panneaux qui vous guideront tout au long de ce périple.

Et n'oubliez jamais :
« On ne peut pas étirer le temps, mais on peut lui donner de la consistance. »

Première partie

Le sens de la vie

Un jeu de dupe ?

Soyons clair tout de suite : La vie n'a aucun sens !
Essayons de rentrer dans les détails : nous naissons
sans le vouloir, et nous mourons généralement de la
même manière (quoique pour la mort, on peut encore
parfois le décider).

Donc, sans avoir eu son mot à dire, nous voilà sur cette
terre, par la simple volonté, (dans le meilleur des cas)
de nos géniteurs. Non seulement, nous n'avons pas
choisi de naître, mais, en plus, voilà que nous sommes
certains de mourir à la fin de notre histoire ! Avouez
que cela n'a ni queue ni tête, que c'est même un sacré
jeu de dupe. Sacha Guitry disait fort justement « Je
n'ai jamais pris la vie au sérieux car j'ai toujours su
que je n'en sortirai pas vivant ! » Quelle belle preuve
de lucidité ! Alors emboîtons-lui le pas et essayons de
ne pas prendre les choses trop au sérieux.

La vie n'a donc pas d'autre sens que celui que nous
voulons bien lui donner. Naître, grandir, faire des
enfants à notre tour et puis mourir comme l'ont fait
nos parents avant nous, nos grands-parents et nos
ancêtres depuis des générations et des générations.
Si l'on se penche un tant soit peu sur le problème,
on se rend assez vite compte que tout cela ne rime
pas à grand-chose. Nous ne sommes que des grains
de poussière éphémères, de passage sur cette terre,
conséquence d'une volonté de nos parents.

Et nous reproduirons ce processus à notre tour, parce que nous le voulons, parce qu'à une période de notre vie, nous aurons, nous aussi, pour certains d'entre nous, cette volonté quasi viscérale, quasi vitale, de procréer, de donner la vie, de perpétuer la race, de tenter de laisser une petite trace de notre passage sur terre.

Avouez que tout cela manque, à long terme, cruellement de cohérence. Non, il faut bien le reconnaître, philosophiquement la vie n'a pas de sens. Nous ne sommes là que parce que nos parents l'ont voulu. Nous n'avons pas d'autre but que de continuer à nous reproduire, sans savoir où va le monde, si nous mourrons d'une guerre, d'une épidémie, d'accidents de la vie, de maladie, de faim ou de mort naturelle.

Alors, me direz-vous, que faire pour ne pas se tirer tout de suite une balle dans la tête devant tant de vacuité ? Voilà la théorie que je vous propose : vous existez, que vous le vouliez ou non, vous êtes né, vous êtes là. Vos parents se sont fait plaisir, c'est parfait, mais vous ne leur appartenez pas. Leur rôle est de vous élever du mieux possible, de vous donner toutes les cartes en main pour que vous profitiez au maximum de cette chance de vivre. Car, c'est là le secret, il vous faut considérer que vivre est une chance. Que vous ne devez rien à personne, mais que si la vie ne vaut rien, rien ne vaut la vie.

Comme tout ce qui est fragile - il est si facile d'y mettre fin - il importe de la protéger. Et comme il s'agit de votre propre vie, seul et vous seul, devez décider de ce qu'elle sera. À vous et à vous seulement de la vivre selon vos désirs.

De toute façon, au bout du chemin, vous allez mourir, donc ce que je vous propose dans ces colonnes, c'est d'apprendre à être le plus heureux possible sur ce chemin, dont vous ignorez presque tout, les dangers, les joies, mais aussi et surtout, la longueur.
Le credo : autant vous faire plaisir et profiter de ce que la vie peut vous apporter pendant le court séjour où vous lui rendrez visite.

Les lettres essentielles

Pour cela, quelques enseignements. Tout d'abord, prenez conscience que la nature est extraordinaire, que le ciel, que l'herbe, l'eau, la montagne, la mer sont de pures merveilles. Que la naissance est une véritable magie. Ouvrez grand les yeux ! Regardez autour de vous, émerveillez-vous des beautés de cette nature qui vous accueille. Chaque matin, réveillez-vous avec le sourire, en vous disant « encore un jour où je vais profiter de cette nature, de cette vie, des gens que j'aime ».

Profitez de tous les plaisirs que la vie peut vous procurer, jouissez autant que faire se peut, sans jamais, sciemment en tout cas, faire de mal à autrui. Voilà le sens que je vous conseille de donner à votre vie.

Certes, pour cela, vous devez avoir opté pour une vie qui soit la moins contraignante possible, le plus en accord avec vous-même, vos attentes, vos désirs. Ne vous laissez pas diriger, réfléchissez par vous-même, faites un maximum de choses qui vous procurent de la joie, du plaisir, n'oubliez pas que vous n'avez qu'une vie, alors vivez-la le plus à fond possible. Ne vous laissez pas dicter votre avenir, allez là où votre cœur vous mène, ne perdez pas votre vie à essayer de la gagner, partagez des moments intenses avec des personnes qui vous sont chères, ignorez les gens négatifs, ceux qui veulent décider ce qui est bon pour vous.

Les seules décisions que vous ne regretterez pas,

même si elles vous entraînent parfois dans des situations compliquées, sont celles que vous prendrez avec votre cœur. N'ayez aucun regret. Foncez, la vie est courte et l'on ne sait jamais quand elle va s'arrêter. Toute la difficulté de la vie est de concilier ces deux maximes : « Qui veut voyager loin ménage sa monture », et « Vivez comme si vous alliez mourir demain ». Je sais, ce n'est pas toujours si facile, car ce sont là deux principes de vie a priori contradictoires. Mais, comme dans tout, l'équilibre est la solution.

Et seule la mort signe la fin de l'histoire. Tant que vous êtes encore en vie, l'espoir reste présent ! Alors profitez de cette vie que l'on vous a donnée, considérez-la comme un cadeau, même si parfois vous pouvez la voir davantage comme un fardeau.

Si vous aimez vos parents, le plus beau cadeau que vous puissiez leur faire, c'est d'être heureux ! Et si vous ne les aimez pas, faites-le pour vous !

Et la mort dans tout ça ? Elle est obligatoire, vous le savez. Tout ce qui naît et vit doit mourir. Plutôt que passer son temps à se lamenter sur cette fin inéluctable, à la redouter, à la défier, oubliez-la.

Ne lui donnez pas l'importance qu'elle souhaiterait. De toute façon, il y a deux manières positives de voir la mort. Soit vous mourrez jeune et alors vous le resterez pour l'éternité dans le cœur de ceux qui vous aiment, soit vous mourrez vieux et alors, étant donné la déchéance inéluctable qu'entraîne la vieillesse, cette mort sera presque comme une délivrance.

Une fois cela dit, **oubliez la mort et pensez à vivre.** J'adore ce dessin qui met en scène deux personnages de dos. L'un dit à l'autre, « Tu sais, un jour, nous allons mourir ». Et l'autre répond tranquillement : « Oui, mais tous les autres, nous allons vivre » !

Et si possible heureux.

Pour mieux essayer de comprendre les mécanismes du bonheur, il importe d'en connaître tout d'abord les ingrédients nécessaires et - parfois - suffisants.

Voici quelques clés pour vous permettre de mieux y parvenir, quatre lettres essentielles qui vous donneront le code et qui vous accompagneront sur le chemin de la vie : A.S.L.A.

A comme Autonomie

Autonomie financière bien entendu, qui se matérialise par la possibilité de subvenir à ses besoins par ses propres moyens sans assistance d'aucune sorte. Cette autonomie est une condition nécessaire pour accéder à la liberté. Elle la sous-tend. Sans cette autonomie, vous êtes en état de dépendance financière et donc soumis au bon vouloir de la ou des personnes qui vous aident. Quelle que soit votre situation, deux hypothèses, soit adapter vos besoins à vos revenus, soit opter pour l'inverse, à savoir adapter vos revenus à vos besoins. Cette autonomie, ce grand A, aurait tout aussi bien être remplacé par la lettre I car elle est également synonyme d'indépendance.

S comme Santé

C'est probablement une des lettres essentielles de ce quadriptyque. Être en pleine possession de tous ses moyens peut sembler normal, voire naturel, mais il n'en est rien. La maladie, les blessures, les accidents peuvent à tout moment limiter votre rayon de vie, pourrir votre existence, interférer sur vos capacités. La santé ne procure pas de plaisir particulier lorsque l'on en jouit de façon naturelle, lorsque l'on se sent bien, mais le simple fait de tomber malade fait alors prendre pleinement conscience de l'importance d'être en bonne santé. Tout faire pour la conserver sera dès lors une de vos préoccupations premières, ou du moins, devrait l'être.

L comme Liberté

Sans liberté pas de véritable bonheur. La liberté d'aller et venir, la liberté de mouvement, bien entendu, mais également la liberté de penser, de choisir, même de choisir de l'abandonner volontairement pour suivre la personne que vous aimez. Car la Véritable liberté, c'est également La Liberté de choisir de ne plus être libre !

A comme
Amour ou Amitié

Autonome, en pleine santé et libre de choisir son existence sont certes des atouts essentiels pour parvenir à une certaine plénitude. Mais sans personne avec laquelle cheminer, partager nos sentiments, les bons ou moins bons moments de son existence, la vie perd de son sel, pour ne pas dire de son sens. L'amour, pour ceux qui l'ont connu ne serait-ce qu'une fois, est une des plus belles choses que la vie peut nous réserver. Aimer, nous le verrons plus loin, c'est vivre un ton au-dessus. Quant à l'amitié, la vraie, l'éternelle, c'est l'assurance du partage, la négation de la solitude, même si, au final, on est toujours seul. Mais au moins rend-elle moins évidente cette constatation.

Maintenant, rentrons dans les détails de chaque lettre évoquée.

Autonomie

Nous pourrions considérer, et cela aurait du sens, que la Liberté et l'Autonomie sont des valeurs que l'on pourrait regrouper sous la même bannière. Car sans autonomie pas de véritable liberté.

Mais il m'a semblé important de consacrer une lettre entière à ce concept d'Autonomie.

En quoi consiste-t-elle ?

L'Autonomie, c'est avant tout ce qui permet à un individu de ne plus avoir besoin de personne pour vivre ? Être autonome, c'est pouvoir se passer de tuteur, de gens qui vous prennent en charge, qui gèrent votre vie, auxquels, forcément, par la nature des choses, vous pouvez être redevable.

Bien entendu, par autonomie, on entend tout d'abord la possibilité, dès son plus jeune âge, de ne plus avoir besoin de personne pour aller aux toilettes ou pour rester seul à la maison par exemple. Puis avec les années, on devient, l'âge aidant, de plus en plus autonome, on peut s'alimenter seul, faire ses courses, sa cuisine, puis son ménage, sa lessive, etc. L'autonomie s'acquiert avec l'expérience, elle nous permet de décider par nous-mêmes de la direction à donner à nos pas, à notre existence.

Après l'autonomie physiologique vient l'autonomie financière ou matérielle, qui permet de ne plus dépendre de quiconque pour assurer sa subsistance. Cette fois, être autonome, c'est assurer, seul, ses propres dépenses, ou du moins faire en sorte que l'on ne soit pas tributaire de quiconque, en quoi que ce soit, pour gérer son budget, ses choix, ses décisions. Seule une véritable autonomie permet alors de parler de liberté. Sans cette autonomie, toute liberté est illusoire car susceptible, à tout moment, de se voir restreindre par les personnes dont vous êtes tributaire pour assurer vos besoins matériels. Il importe donc, pour trouver la sérénité sur le chemin, sur votre chemin, de tendre vers cette autonomie. Même si elle s'obtient au prix de quelques concessions concernant nos ambitions premières, notre idéal de vie.

Mieux vaut un petit chez-soi qu'un grand chez les autres, est une sage vérité que l'on apprend avec le temps.

Soyez autonome, dans toute chose, dans la façon de marcher bien entendu, dans la façon de conduire votre vie, dans vos choix et vos décisions. Soyez autonome le plus possible, dans la mesure de vos moyens. Bien évidemment, on ne peut demander à un handicapé physique de l'être totalement, par exemple, mais tout dans votre apprentissage de la vie doit tendre à ce but : l'autonomie.

Cela passe par l'apprentissage d'un maximum de tâches que vous serez censé accomplir dans votre vie courante. Vous avez une voiture, apprenez comment elle fonctionne, vous aimez bien manger, apprenez à cuisiner, vous aimez les beaux vêtements, apprenez à coudre, vous avez peur des autres, des agressions, apprenez à vous défendre, etc.

On pourrait décliner à l'envi toutes les choses de la vie où l'autonomie vous rendra plus libre, plus sûr de vous, plus à même de décider en toute connaissance de cause.

Bien entendu, nous ne vivons pas dans un monde de Bisounours et nul n'est capable de tout savoir, tout connaître, tout réparer, tout gérer. Là n'est pas le propos, et il est souvent nécessaire, c'est évident, de faire appel à des gens spécialisés et qualifiés pour régler les problèmes. Un des exemples les plus souvent évoqués est la santé. Nous y reviendrons dans le chapitre qui lui est consacré, mais il serait irresponsable de penser que nous pouvons nous soigner nous-mêmes sous prétexte d'autonomie. Néanmoins, une connaissance plus ou moins approfondie des bases de l'alimentation, par exemple, ou des premiers gestes de secours, de quelques notions de bon sens et d'anatomie seront toujours fort utiles dans votre vie de tous les jours. Et si une bonne hygiène de vie peut vous éviter d'avoir à vous reposer trop souvent sur la médecine, qui, on le sait, n'est malheureusement pas une science exacte, alors vous aurez gagné un peu en autonomie. Il en va de même pour de nombreux autres domaines. Et, puisque vous ne pouvez pas tout savoir, sachez demander de l'aide ou des conseils aux bonnes personnes. On reconnaît un bon chef aux personnes dont il a su s'entourer.

L'argent, nerf de quelle guerre ?

Comment ne pas évoquer l'argent lorsque l'on évoque l'autonomie ? Même si le proverbe prévient qu'il ne fait pas le bonheur, de nombreuses personnes pensent secrètement le contraire et font de l'argent leur quête ultime. Loin de dénier sa valeur et son rôle de « facilitateur » de vie, je pense que l'argent ne doit pas être une fin en soi. D'ailleurs, si je le place dans la catégorie A comme Autonomie, c'est bien parce que je pense que ce qui importe dans la vie, c'est de gagner assez d'argent pour pouvoir, justement, parvenir à cette autonomie. Le secret du rapport avec l'argent dans sa vie est d'adapter l'un à l'autre.

Soyons plus concret : il y a deux façons de voir les choses : soit on adapte ses gains à son train de vie, soit on adapte son train de vie à ses gains. Si je gagne tant, alors je peux dépenser tant et en aucun cas je ne dois dépenser plus. Si je veux ou je dois dépenser tant, alors il me faut gagner tant. Voilà, rien de plus simple. Du moins en théorie, sur le papier. Concrètement, cela peut apparaître plus complexe du fait que certains privilégient d'abord les dépenses, ne savent pas gérer un budget, profitent des facilités d'emprunts proposés afin de vous pousser à la consommation, puis se font rattraper en étant inondés de crédits qu'ils ne peuvent rembourser. Et là est le piège : emprunter pour assurer ses dépenses récurrentes correspond à s'engager dans un cercle vicieux dont on a le plus grand mal à se sortir.

La gestion de son budget est la seule façon d'appréhender l'argent sans risque. Je reconnais qu'il est parfois difficile dans notre société actuelle, axée autour de la consommation, où nous sommes sollicités de toutes parts, de résister à la tentation et de rester dans les clous. En outre, peut-être l'avez-vous déjà remarqué, mais plus on gagne et plus on dépense. La gestion reste donc le maître mot, quel que soit le salaire que l'on perçoit à la fin du mois. Et le stress engendré par la nécessité de gagner toujours plus pour assurer des dépenses qui augmentent en corrélation avec son train de vie, n'est pas forcément différent de celui engendré par la gestion de faibles revenus. La véritable sagesse constitue à ne pas comparer son train de vie avec celui des autres, mais d'ajuster ses dépenses à ses revenus, tout en essayant, soit de vivre heureux avec ce que l'on a, soit de faire en sorte de gagner davantage.

Liberté

Nous avons vu que l'autonomie était essentielle pour se sentir totalement maître de sa vie. Grâce à cette autonomie, vous allez pouvoir découvrir la liberté.

Il s'agit d'un concept qui a fait couler beaucoup d'encre. Et en maîtriser les contours s'avère chose délicate. Que signifie vraiment être libre ? Libre de quoi ? Et pour quoi faire ?

S'il me fallait ici donner une définition, je dirai que la liberté c'est la possibilité d'aller et venir, de penser, de dire, d'écrire, de choisir, de décider, de vivre selon sa convenance, sans aucune entrave.

Libre dans son corps, libre dans sa tête. Deux libertés distinctes de prime abord mais qui toutes deux sont primordiales. Enfermés dans une cellule ou dans une relation, nous ne sommes pas libres. Enfermés dans un mensonge, dans un carcan obsessionnel, dans des certitudes ou des contradictions, nous ne sommes toujours pas libres.

La liberté, la liberté totale existe-t-elle d'ailleurs ? N'est-on pas toujours prisonnier de quelque chose, d'une pensée, d'un travail, d'un mode de vie plus ou moins choisi, d'une relation, d'un amour ?

La liberté, c'est également la liberté de choisir. Et choisir, c'est aussi renoncer. Renoncer à sa liberté ? A quoi servirait une liberté dont on n'userait pas pour choisir ? Comme vous le voyez, ce concept de liberté n'est pas aussi simple à appréhender. Alors, comment l'utiliser au mieux ? Quand peut-on considérer que l'on est vraiment libre ?

J'aurais plutôt tendance à penser qu'il existe plusieurs stades de liberté. Que la liberté absolue n'existe probablement pas.

Que ces différents stades sont aussi propres, dans leur perception, à chaque individu. Et que, ce qui importe finalement, c'est de se sentir libre. Voilà, la seule vérité en matière de liberté. La sensation, personnelle, de se sentir libre.

On peut se sentir en liberté en acceptant des concessions. On peut se sentir libre en acceptant de choisir d'aliéner sa liberté en s'engageant, par amour, notamment. Par choix. Même dans une situation de restriction de liberté, on se sentira libre si l'on peut à tout moment briser ses chaînes.

Ce qui importe finalement, c'est donc cette sensation que tout est possible, que rien n'est impossible, qu'à tout moment l'on est en capacité de tout envoyer promener, de partir, de recommencer, de crier, de renoncer, de s'engager de nouveau.

Il serait, au final, reconnaissez-le, contraire à tout principe de liberté, de renoncer à s'en départir sous prétexte que, justement, on ne serait plus libre. Ce serait alors la négation même du concept de liberté qui n'existe, qui n'a de réelle valeur, que si justement on peut l'utiliser pour s'en priver volontairement parfois.

C'est la raison pour laquelle je pense que pour être heureux on doit toujours se trouver en position de choisir. Choisir de s'engager, choisir de se désengager, choisir de lier son destin à quelqu'un, choisir de le quitter.

Les poètes, de tout temps, l'ont bien compris qui chantent à qui veut bien l'entendre que liberté est souvent synonyme de solitude. Car, oui, seule la solitude, le fait d'être seul, maître de sa vie, permet de vivre une totale liberté. À condition, et c'est bien le nœud du problème, d'être aussi libre de choisir de quitter cette liberté/solitude pour vivre, volontairement j'insiste, une aventure qui, forcément, la restreindra.

Vous comprendrez d'autant mieux maintenant le rapport évident, intime, qu'il existe entre l'autonomie et la liberté. Sans cette autonomie qui vous permet de vous affranchir de toute contrainte, votre liberté sera forcément entravée, ou du moins, plus difficile à atteindre.

Comment être libre ?

Voici une question qui demande parfois toute une vie avant d'en trouver la réponse. Je dirais simplement que pour accéder au plus près à cette forme de liberté la plus aboutie, il faut du courage. Le courage de vivre seul, parfois, le courage de ne pas emprunter les sentiers battus, de ne pas suivre le troupeau, de sortir des rangs, d'affronter la vie, de dire non, de renoncer à un certain confort s'il est assorti de privation, de ne pas craindre la mort. Quelle meilleure illustration que cette fable de La Fontaine dont je vous livre la fin « Le loup et le Chien ». Le chien dit au loup qui erre

dans la campagne sans sécurité ni pitance assurée :
« Suivez-moi : vous aurez un bien meilleur destin. »
Le Loup reprit : « Que me faudra-t-il faire ? - Presque
rien, dit le Chien, donner la chasse aux gens Portants
bâtons, et mendiants, Flatter ceux du logis, à son
Maître complaire : Moyennant quoi votre salaire Sera
force reliefs de toutes les façons, Os de poulets, os de
pigeons, Sans parler de mainte caresse. » Le Loup déjà
se forge une félicité Qui le fait pleurer de tendresse.
Chemin faisant, il vit le col du Chien pelé. « Qu'est-
ce là ? lui dit-il. - Rien. - Quoi ? rien ? - Peu de chose.
Mais encor ? - Le collier dont je suis attaché De ce
que vous voyez est peut-être la cause. - Attaché ? dit
le Loup : vous ne courez donc pas Où vous voulez ?
- Pas toujours, mais qu'importe ? - Il importe si bien,
que de tous vos repas Je ne veux en aucune sorte, Et
ne voudrais pas même à ce prix un trésor. » Cela dit,
maître Loup s'enfuit, et court encor. »
En matière de liberté, chacun placera le curseur là où
il le voudra. Et, je le répète, ce qui compte vraiment,
même si dans les faits ce n'est pas forcément réel,
c'est de se sentir libre. De croire, de penser qu'on l'est.
Tout le monde a un jour envisagé de partir, sur un
bateau, en avion, à pied, de tout quitter pour parcourir
le monde, changer de vie, ou simplement pour voir si
l'herbe est plus verte ailleurs. Peu de gens l'ont fait.
Mais, qu'importe, le simple fait de savoir que l'on peut
le faire, même si au fond de soi, on sait plus ou moins
implicitement que ce ne sera pas le cas, donnera cette
impression de liberté qui suffit à beaucoup.

La peur dirige le monde

A cette question fréquemment posée : qui dirige le monde ? J'ai une autre réponse que celle trop souvent entendue comme l'argent, l'amour ou le sexe. Je pense que c'est davantage la peur. Ou plutôt les peurs. La peur que le ciel ne tombe sur la tête de nos aïeux, la peur du vide, la peur de manquer, de mal faire, de se tromper, la peur du lendemain, la peur des autres, surtout de ceux qui sont différents, la peur du changement et, par-dessus tout, la peur de la mort. Toutes ces peurs, auxquelles nos ancêtres avaient attribué des dieux chargés de les en protéger, mènent le monde et sont bien souvent les causes des agissements des hommes. D'ailleurs, j'aime particulièrement cette citation de Sénèque : « Pour être heureux, il faut éliminer deux choses : la peur d'un mal futur et le souvenir d'un mal passé. »

Pour s'affranchir de toutes ces peurs et finalement s'en remettre à quelqu'un de supérieur chargé de s'en protéger, l'homme a créé Dieu. L'inverse étant toujours à prouver. La création d'un Dieu, que l'on appelle différemment selon sa propre religion, a plusieurs avantages. Tout d'abord, elle permet de donner un certain sens à une vie qui, de prime abord, n'en possède pas. Elle permet surtout de minimiser les mauvais coups que la vie peut nous réserver en se disant qu'après tout, « c'est écrit », que justice sera rendue tout là-haut, le jour du jugement dernier. Elle permet également de s'affranchir de ses responsabilités en prétextant que Dieu l'a voulu ainsi, que l'on n'est pas vraiment responsable de ses actes.

Mais, surtout, cette merveilleuse invention des hommes est tout d'abord la plus belle escroquerie de tous les temps. En effet, entretenue depuis la nuit des temps par les prélats, les rois, les Évêques et autres autorités de l'Église, l'existence de Dieu et donc d'un monde meilleur après la mort, aura permis tant d'exploitation de l'homme par la caste dominante !

Partout dans le monde, des hommes ont été et sont encore exploités par les puissants avec comme seule consolation, valant consentement de leur exploitation, la promesse d'une vie meilleure. Les derniers seront les premiers, ou encore Dieu te le rendra, sont quelques-unes des promesses – qui n'engagent que ceux qui y croient – inventées de toutes pièces par des esprits « supérieurs » pour s'enrichir sur le dos des croyants. Soyons francs, pas seulement pour s'enrichir, mais également pour empêcher les braves gens de se révolter contre les institutions, les chefs, les seigneurs, etc.

A l'école, à l'armée, dans les universités, comme dans beaucoup d'autres domaines, on vous apprend à obéir. On vous force à apprendre vos leçons, à rentrer dans le moule et à y rester. Cette conformité aux règles établies, au droit, à la discipline, sanctionnée par des notes, des évaluations, des bons points, ou à l'inverse des blâmes, des réprimandes, des sanctions, est censée déterminer si oui ou non vous êtes intelligents, capables, brillants même.

Et, le cas contraire, vous êtes vite jugés comme incapables, paresseux, inaptes, rebelles, limite perdus pour la société. Alors que bien souvent, c'est parfaitement l'inverse. Le refus de la discipline, le refus d'obéissance, la volonté de ne pas faire bêtement comme tout le monde, sans conscience, résulte davantage d'une intelligence bien supérieure.

En effet, qu'y a t-il de plus simple, de moins réfléchi, que d'obéir aux ordres, de faire comme tout le monde, de suivre le chemin que l'on a tracé pour vous, de rentrer dans le moule, sans se poser de questions, sans faire de vagues, sans rien remettre en question ?

Au contraire, refuser cette facilité, se poser sans arrêt les vraies questions sur le sens de ce que l'on fait, accepter de se mettre en marge, de vivre en dehors des normes, de disposer de son libre arbitre, voilà qui est autrement plus difficile et qui demande souvent une intelligence supérieure, capable d'analyser les situations, de s'y adapter constamment, de tout remettre en question, y compris son propre comportement.

Le monde est plein de petits chefs qui ont suivi scrupuleusement les consignes, qui ont suivi à la lettre les injonctions et les ordres qui leur ont été donnés, et qui, un jour, à leur tour se retrouvent à donner les mêmes ordres à d'autres qui, bientôt continueront sur ce chemin. Obéir, respecter les consignes, être bien sage, n'a jamais fait avancer le monde, bien au contraire, cela a produit les pires crimes contre l'humanité, entraîné des guerres sanglantes, conduit à des assassinats de masse, le tout sous couvert d'obéissance aveugle aux ordres.

L'intelligence, c'est la faculté d'adaptation. L'intelligence c'est d'accepter de dire « Non » lorsque l'ordre donné ne vous semble pas justifié. Alors, oui, cela vous contraint à prendre des risques, à être regardé comme un rebelle aux yeux des moutons qui suivent le chef aveuglément. Mais, la vraie liberté, c'est celle de dire « Non ». De prendre ses responsabilités. De se mettre en danger.

« L'angoisse est le vertige de la liberté ».

Soren Kierkegaard

Santé

Et voici la troisième clé. Mais pas la moindre. Je vais d'ailleurs y consacrer une large partie de cet ouvrage. Combien de fois avez-vous entendu dire, lors de la traditionnelle cérémonie des vœux du nouvel an : « Je te souhaite la santé avant tout ! » Une sage parole, certes, car sans la santé, peut-on parler de bonheur ? Probablement, vous diront les personnes atteintes de maladies ou handicaps de naissance et qui ont bien l'intention d'en faire pourtant abstraction pour profiter autant que faire se peut de la vie qu'ils ont devant eux.

Là encore, tout est relatif. Mais tous ceux qui ont déjà été malades de façon durable et conséquente dans leur vie vous le diront : on ne se rend compte de l'importance d'être en bonne santé qu'une fois qu'on ne l'est plus. Il en va de même pour l'intégrité physique. Se servir de ses jambes pour marcher, de ses bras pour tant de choses dans notre vie courante nous semble tellement naturel que nous n'y pensons pas la plupart du temps. Mais, si par hasard, suite à un accident, l'on se retrouve d'un seul coup, privé de l'usage d'un de ses membres, alors là, on comprend l'importance d'être en bonne santé et physiquement entier.

La crise du coronavirus qui a sévi sur la planète a été l'occasion de faire le point sur notre système de santé. Si la France se targue d'avoir une des plus longues espérances de vie en Europe, par contre, elle n'arrive que très loin dans le classement des pays qui possèdent une espérance de vie en bonne santé, c'est-à-dire sans handicap physique ou mental, sans restrictions de déplacement ni d'activité. 64,1 ans chez les femmes et 62,7 chez les hommes en France en 2019. La moyenne en Europe est respectivement de 64,2 et 63,5 ans.

Et cela constitue une vraie différence. En effet, dans notre pays, nous avons mis l'accent sur le maintien en vie, privilégiant la multiplicité des soins, des remèdes, des opérations, des interventions chirurgicales, tout cela pour retarder le plus tard possible le temps du départ. Ce qui explique pour beaucoup que nous ayons des EHPAD (établissement d'hébergement pour personnes âgées dépendantes) hyper médicalisés et saturés, où des milliers de gens sont maintenus en vie en attendant la mort inéluctable, beaucoup dans des états quasi végétatifs. Dans beaucoup d'autres pays, au contraire, comme en Suède - qui possède le meilleur indicateur d'espérance de vie en bonne santé -, on considère que vivre longtemps n'a pas de sens, ce qui compte c'est de rester actif le plus longtemps possible. L'accent est donc mis sur le fait de vieillir en bonne santé, par le biais d'une alimentation responsable et d'un entretien physique constant.

En France, le nombre de décès constaté lors de la crise de la canicule de 2003 puis du Coronavirus en 2020 a fait prendre conscience qu'il importait désormais de s'attacher davantage à la qualité de notre espérance de vie plutôt qu'à sa durée.

Notre nourriture, notre médecine

Nous sommes ce que nous mangeons. Cette affirmation, pour péremptoire qu'elle soit, n'est pas, loin s'en faut, inexacte.

Certes, il s'agit de la nuancer, car la santé est affaire plus complexe que simplement résumée à cette seule doctrine, mais il importe qu'on la considère avec beaucoup d'attention.

« Que ton alimentation soit ta première médecine » disait d'ailleurs Hippocrate.

Quelques petits principes diététiques pour commencer. Le bon sens nous conseille de manger de tout, un peu. Nous mangeons trop en règle générale dans notre société actuelle, je parle bien entendu des pays Européens où la nourriture est abondante et où rares sont ceux qui meurent de faim. Rappelons-nous que notre métabolisme est capable de gérer le manque, mais pas le trop plein. Et les études ont prouvé que si l'on mange trop de calories, on vieillit plus vite.

La médecine évolutionniste nous apprend que l'obésité, le diabète, les maladies cardio-vasculaires, le cancer, les maladies neuro-dégénératives et l'ostéoporose sont liés à la perte des grands équilibres métaboliques, provoquée par le changement alimentaire récent à l'échelle de l'évolution. Par exemple, les maladies coronariennes sont essentiellement dues à la consommation excessive de laitages, céréales, céréales raffinées, huile raffinée, sel et sucre, des aliments nouveaux pour l'organisme, apparus il y a quelques milliers d'années. Je vous conseille d'ailleurs à ce titre la lecture de l'excellent ouvrage « La Meilleure façon de manger » par Angélique Houlbert.

Ainsi est-il utile de rappeler quelques règles de base si l'on veut rester en bonne santé le plus longtemps possible.
La nourriture se compose de trois éléments : les glucides, les lipides et les protides. Il importe de se nourrir de chacun de ses éléments sans en abuser, dans le pourcentage suivant : 50%, 30% et 20%.

Essayons le plus possible de manger des aliments crus. En effet, la cuisson tue la plupart des enzymes et des vitamines. Dès 50 degrés, la plupart des vitamines sont tuées et la nourriture que l'on ingère est dite « neutre » pour ne pas dire morte. Il ne faudrait en théorie jamais cuire les aliments à plus de 100 degrés. La viande par exemple, si elle est trop cuite, produit des amines hétérocycliques qui sont néfastes pour l'organisme, voire même cancérigènes. Les odeurs de viande cuite qui font saliver sont appelées molécules de Maillard et sont le signe que la viande est déjà trop cuite. Plus la nourriture est cuite, moins elle est assimilable par l'organisme.

Quelques repères pour mieux décider de votre nourriture

Comment savoir si vous mangez sainement ? Voici une petite astuce :
Une nourriture saine produit des gaz de fermentation peu odorants, alors qu'au contraire, une nourriture déséquilibrée produit des gaz de putréfaction, eux mal odorants.

Notre santé et l'alcool

Les avis du corps médical divergent sur la consommation d'alcool. Ce qui est absolument certain et non remis en cause, est que l'abus d'alcool est néfaste pour la santé. Par contre, les études menées par différents organismes et synthétisées dans son livre « Boire mieux pour vivre vieux » par le professeur Roger Corder, démontrent qu'une consommation modérée de vin (rouge en particulier) aide à protéger les tissus et diminue les risques de défaillances cardiaques. Un avis partagé par moult cardiologues.

Les vins rouges sont les plus protecteurs en raison de la présence de procyanidines, issus de la peau et des pépins des raisins et extraites lors de la macération. Par consommation modérée, il faut entendre deux verres de vin par jour, consommés exclusivement pendant les repas. Les effets positifs des autres alcools sont encore à prouver et divisent davantage les spécialistes. Le bon conseil est donc de s'en tenir à nos deux verres de bon vin rouge ! En sachant que chaque verre contient environ 100 calories. Et en observant deux jours sans alcool par semaine.

Les jus de légumes et fruits

De nombreux spécialistes vantent aujourd'hui les bienfaits des jus de fruits et légumes frais. Pour motiver leur propos, parfaitement détaillés, par exemple, par le professeur Norman Walker dans son superbe ouvrage « Les jus de fruits et légumes frais » , ils expliquent que les légumes et les fruits frais (attention plus ils traînent dans votre frigo ou sur l'étal des maraîchers et plus ils perdent leurs vitamines) constituent la base d'une alimentation saine et équilibrée. Le fait de les manger entiers, crus bien évidemment, entraîne cependant une réelle perte de vitamines d'environ 60%, due prioritairement à la digestion.

Alors que lorsque ces fruits ou légumes sont pressés et consommés en jus, la perte due à la digestion n'est plus que de 30% environ. Il est par contre absolument nécessaire, en complément, de consommer des fruits et légumes entiers pour bénéficier des fibres qui assurent un bon transit intestinal.

Le sucre, votre ennemi numéro 1 !

Évitez de manger trop de viande (un steak de 100g contient 13g de graisses saturées néfastes), préférez le poisson, gras surtout, là encore en optant pour les petits poissons comme la sardine, le maquereau ou les anchois. Le thon, l'espadon et le saumon qui épongent plus facilement les doses de mercure, sont à consommer avec modération.

Attention aux excès de sucre : si une pomme contient l'équivalent d'une petite cuillère de sucre, par contre, une part de tarte aux pommes en contient 12 ! Notre taux de sucre dans le sang, contrôlé en partie par le pancréas qui produit l'insuline, doit toujours être à 1g/l. S'il est plus élevé, vous êtes en hyperglycémie, s'il est plus bas en hypoglycémie. En tout, évitez les abus de toutes sortes. Sachez, par exemple que boire 50 cl de bière par jour augmente le risque de cancer colorectal (Docteur Henri Joyeux) et que boire plus de 5 cafés par jour multiplierait par deux le risque de faire un infarctus.

Pensez toujours à bien mastiquer les aliments, ce qui facilite le travail du pancréas, grâce à nos six glandes salivaires qui produisent environ un litre de salive par jour, la salive constituant le début de la digestion.

Le bon sens est encore le meilleur moyen de manger sainement et équilibré. À savoir manger de tout en petite quantité, car souvent l'abus est l'ennemi du bien, même pour des éléments comme le fer ou le calcium dont le surdosage est aussi néfaste que les carences.

Nous allons parler du sommeil mais dormez environ 8 heures par nuit si vous le pouvez, des études ont prouvé que ceux qui dorment moins de 7 heures par nuit ont trois fois plus de chances d'avoir la grippe, par exemple.

Le jeûne comme médecine

Là encore, en matière de jeûne, tous les avis ne

sont unanimes. Néanmoins, on peut considérer qu'Hippocrate n'avait pas totalement tort lorsqu'il avançait que se nourrir lorsqu'on est malade, c'est nourrir sa maladie. D'une façon plus pragmatique, éviter de trop manger lorsque l'on est atteint par la maladie est une sage mesure car l'énergie utilisée pour la digestion des aliments peut alors être entièrement dirigée vers la lutte contre les infections.

C'est là que nos fameux jus de légumes et fruits peuvent être utiles en apportant leur lot de vitamines sans avoir à solliciter le corps pour la digestion.

Les dernières recherches sur le jeûne semblent démontrer qu'un simple jeûne de 14 heures suffit à faire baisser la tension artérielle et à nettoyer l'organisme de ses impuretés. Cela revient purement et simplement à supprimer un repas, celui du soir en priorité, ce qui est également bon pour les calories.

Le bon sens populaire ne dit-il pas qu'il faudrait manger comme un roi le matin, comme un prince à midi et comme un mendiant le soir ? Malheureusement, notre mode de vie moderne nous contraint trop souvent à sauter le petit déjeuner, à avaler un sandwich entre deux portes à midi et à se retrouver tous autour d'une bonne table le soir. Si cela est votre cas, et si vous ne pouvez pas prendre le temps de déjeuner à midi, au moins essayez de mieux manger le matin, cela prend souvent dix minutes seulement, et avancez l'heure du repas du soir. Les Britanniques l'ont bien compris qui dînent vers 18h30/19h, se contentant d'un thé le soir avant d'aller dormir.

Concernant le jeûne, sachez cependant que lors d'un jeûne assez long, je rappelle que le corps puise tout d'abord dans ses réserves en sucre (foie, muscles) lesquelles sont épuisées en 48 h. Et c'est seulement après 48 h, qu'il puise dans les graisses. Donc jeûner pour perdre du poids n'est pas vraiment la solution, surtout si l'on conserve ses mauvaises habitudes alimentaires. Mieux vaut équilibrer ses repas tout au long de la semaine.

Le sport ou l'activité physique à la rescousse

Notre quotidien moderne, assisté en permanence par l'arrivée de nombreuses machines et robots qui font le travail à notre place, surtout les tâches physiques, - et on ne peut que s'en féliciter surtout pour des tâches sans grand intérêt - est donc totalement modifié par rapport à celui de nos ancêtres. Le travail de bureau a envahi nos entreprises, celui des champs est en perte de vitesse. Pour compenser cette perte d'efforts physiques, le sport est la solution.

Il est aujourd'hui clairement démontré que la pratique régulière d'une activité physique peut contribuer à diminuer le risque des maladies cardio-vasculaires et diminuer le risque d'hypertension artérielle.

En outre, pratiquer du sport régulièrement améliore l'endurance, la souplesse et également la résistance aux attaques microbiennes et virales.

Avec l'âge, les muscles ayant tendance à diminuer de volume, il importe de les entretenir par une activité physique régulière pratiquée en ayant eu soin de consulter préalablement un médecin pour savoir si le type de pratique sportive pratiquée est adaptée à chacun. Mais ce n'est pas tout, se bouger régulièrement possède également des effets positifs sur votre mental.

Pratiquer des sports, quels qu'ils soient, produit en effet des endorphines qui stimulent le cerveau et procure une sensation de bien-être. Cette sensation de bien-être qui vous envahit après l'effort vous aidera à supporter les contraintes de la vie quotidienne.

Sans compter sur ses effets positifs sur l'obésité par exemple.
Une heure de vélo sans trop de difficultés permet de brûler environ 500 calories ce qui vous permettra de déjeuner sans privation. Vous trouverez aisément sur les différents sites internet consacrés à la santé, le nombre de calories qu'il vous faut ingérer en fonction de votre âge, de votre taille, de votre poids et de votre activité physique quotidienne.

Si vous décidez de prendre en main votre santé, ce que je ne peux que vous conseiller, alors privilégiez toujours la médecine étiologique, c'est-à-dire celle qui recherche prioritairement les causes des maladies avant d'en traiter les symptômes. Dans cette optique, trouvez le bon médecin, pas celui qui vous bourrera de médicaments de toutes sortes, avec des ordonnances à rallonge, pas celui qui misera tout sur l'arrêt de vos symptômes, mais celui qui saura vous écouter, vous faire parler pour comprendre l'origine de vos maux et y remédier par un changement de comportement autant, voire davantage, que par des produits chimiques.

La théorie de la relativité

Restons dans le domaine de la santé. Et abordons maintenant le domaine du stress. Je parle du mauvais stress, celui qui vous mine le moral, qui perturbe vos fonctions naturelles, qui vous fait vieillir prématurément et favorise toutes sortes de maladies.

Pour tenter d'éviter au maximum ce stress, il est primordial de savoir faire la différence entre les choses qui ont de l'importance et celles qui en ont moins. C'est évidemment une question qui nécessite réflexion.

Dans cette époque moderne où tout va très vite, nous sommes trop souvent pris dans un tourbillon infernal, mêlant vie professionnelle et vie privée, nécessité de réussite, jugement des autres, peur de l'échec.

Dans cette configuration, il est essentiel de savoir faire la part des choses et de ne pas se laisser envahir par un stress qui n'a pas sa place. D'où l'intérêt de relativiser les évènements négatifs qui surviennent dans notre vie. Une mauvaise nouvelle, un coup bas, une défaite, un coup de malchance, une contre-performance, un moment de moins bien, une faiblesse passagère, un petit souci de santé, tout ce qui vous arrive de négatif doit être relativisé.

C'est dans ces moments difficiles qu'il faut justement essayer de prendre de la hauteur et vous verrez que tous ces petits désagréments peuvent se retrouver rapidement minimisés, afin d'avoir beaucoup moins d'impact négatif sur votre vie.

J'aurais tendance à penser que pour vivre heureux et en bonne santé, il faut souvent appliquer la méthode Coué, à savoir, se dire que tout va bien. Que ce qui nous arrive de fâcheux, n'est pas si grave que cela. Et bien souvent, rien que le fait de se le dire aura un réel effet positif.

Au contraire, et cela peut paraître paradoxal, mais il peut être utile d'accentuer les effets positifs d'une bonne nouvelle, sans tenter, cette fois, de la relativiser. Après tout, l'essentiel reste toujours de voir le bon côté des choses, la bouteille à moitié pleine plutôt qu'à moitié vide. L'homme a tendance à oublier plus facilement, instinct de survie probablement, les évènements fâcheux ou pénibles de son existence pour se concentrer sur les plus agréables.

Relativiser les mauvais moments traversés aidera d'autant plus la mémoire à les faire passer aux oubliettes. Et pour conclure ce chapitre, loin d'être exhaustif, n'oubliez jamais que vous pouvez être l'acteur principal de votre santé, mais que cela demande une véritable prise de conscience et parfois, oui, comme dans beaucoup d'autres secteurs, une certaine volonté. Comme, par exemple, le fait d'arrêter de fumer.

Nous le verrons plus en détail dans un prochain chapitre, mais, si vous pouvez vous faire aider par des patchs ou des produits à base de nicotine, tant que vous ne serez pas intimement convaincu de la nécessité d'arrêter, vos tentatives resteront souvent vaines. Seule la volonté parviendra à vous en sortir. D'où le processus : prise de conscience, décision mûrement réfléchie et acceptée (c'est primordial), et volonté.

Le Sommeil, si essentiel

Nous passons un tiers de notre vie à dormir mais ce temps passé est essentiel. En effet, c'est pendant notre sommeil qu'un système de nettoyage cérébral très sophistiqué des toxines s'active.

Si l'on ne dort pas assez, ces toxines ne sont pas éliminées, elles s'accumulent et augmentent les risques de maladies neurologiques. Chaque être vivant présente un cycle circadien (rythme biologique d'environ 24 heures) caractérisé par l'alternance des phases de sommeil et d'éveil.

La gestion de ce cycle éveil-sommeil dépend de nos horloges biologiques internes qui elles, sont sensibles à la lumière. Elles se sont synchronisées, au fil du temps, avec le cycle lumière-obscurité de la nature.

Le sommeil est nécessaire à la vie. Effectivement, une expérience effectuée auprès des rats (qui, étrangement, ont des gènes et des comportements se rapprochant de ceux de l'homme) a démontré que ces derniers meurent quand, en laboratoire, on les empêche de dormir pendant une période de 1 à 4 semaines.

L'humain serait donc programmé pour dormir chaque jour, et ce, pour une « phase longue » (de 6 à 8 heures dans la nuit), ou pour deux « phases courtes » (5 à 6 heures la nuit et 1 à 2 heures l'après-midi).

Cependant, la quantité de notre sommeil est moins importante que sa qualité. Effectivement, vous pouvez vous sentir en parfaite forme après uniquement 5 heures de repos si votre sommeil a été profond et récupérateur. Inversement, si notre nuit a été parsemée de réveils fréquents, vous pouvez vous sentir fatigué après 10h de sommeil. Au cours de la période de sommeil, entre 3 et 5 cycles d'environ 90 minutes vont se succéder.

Rappelons que le sommeil comporte quatre phases distinctes : la somnolence, le sommeil léger, le sommeil profond et le sommeil paradoxal. Comme c'est lors du sommeil profond que nous récupérons le mieux, il est important de ne pas se réveiller avant.

Précisons également que la lumière est le principal synchroniseur de notre horloge interne car c'est son absence qui déclenche la sécrétion de mélatonine, l'hormone de notre endormissement. Tenez-en compte et éteignez bien toutes les lumières avant d'aller vous coucher. De même, si vous devez vous lever la nuit, évitez le plus possible d'allumer des lumières fortes si vous voulez vous rendormir au plus vite.

Pour conclure sur le sujet :
n'oubliez jamais que vous êtes l'acteur principal de votre santé.

Amour et Amitié

Abordons maintenant un domaine plus abstrait mais si important. Certes, on peut vivre sans amour, sans amitié et même sans relation du tout avec ses congénères. Mais, qui a connu la puissance émotionnelle d'une véritable relation amoureuse, le bonheur d'une amitié vraie, aura du mal à vivre sans cela.

Car la sensation de bonheur, à l'instar d'un bon repas, d'une bonne bouteille de vin ou d'une victoire de son club sportif préféré, est indissociable de la notion de partage.

Aimer et être aimé est probablement le plus grand bonheur que l'on puisse trouver sur cette terre. Un bonheur parfois éphémère, certes, ce qui le rend paradoxalement plus intense et plus fort. Mais la vie serait-elle si belle si l'on ne devait jamais mourir ? L'immortalité nous procurerait-elle l'intensité dramatique qui nous anime dans nos actions quotidiennes, nous donnerait-elle ce sens de la valeur des choses ? Je ne le crois pas. De même, dans l'amour, même si l'on ne rêve que de sa pérennité, le sentiment conscient ou inconscient de sa fragilité lui donne encore davantage de puissance et de valeur.

Aimer et être aimé, mais parfois même seulement aimer, voilà ce qui permet de vivre un ton au-dessus. De se sentir pleinement vivant, d'avoir l'impression de flotter au-dessus du niveau moyen de l'existence. Aimer et être aimé, c'est s'affranchir d'une certaine monotonie, c'est changer d'horizon, c'est ressentir au plus profond de soi le bonheur de donner, de se donner, d'être exceptionnel aux yeux de quelqu'un, d'exister, de ne faire plus qu'un avec l'être aimé. C'est aussi la sensation de vivre plus fort, de faire fi des contingences de la vie courante, de donner à sa vie un sens nouveau. Voilà pourquoi la rupture d'un amour peut entraîner un choc contraire équivalent avec toutes les conséquences que l'on devine.

Ceux qui n'ont jamais aimé par passion ne sont probablement pas malheureux, certes, mais ceux qui ont connu ou connaissent ce sentiment savent alors qu'ils ont vécu, ou qu'ils vivent, un ton au-dessus.

Attention, aimer n'est pas toujours synonyme de bonheur surtout si cet amour est contrarié, bafoué, humilié, trompé. Bien au contraire, dans de tels cas, aimer serait plutôt une épreuve terrible dont certains ont beaucoup de mal à se remettre. Dans notre quête du bonheur, sur notre chemin, je pense bien évidemment à l'amour partagé, ou du moins accepté dans sa non réciprocité, avec l'espoir toujours présent d'une issue heureuse.

L'amitié est un sentiment quelque peu différent.
Plus durable, car moins passionnée, l'amitié est un sentiment fort qui vous permet de ne pas vous sentir seul et de pouvoir compter sur quelqu'un en cas de coup dur. Si ce sentiment est donc moins fragile que l'amour, plus long aussi parfois à se développer, il peut néanmoins être également déçu et s'arrêter net, peut-être de façon encore plus décisive et définitive que l'amour.

Il est rare qu'une amitié trahie se reconstruise, alors qu'un amour, même blessé, peut rester tapis dans un coin de votre cœur et renaître de ses cendres, si le sentiment continue à vivre de façon latente.

Une amitié trahie apparaît comme un coup de poignard dans le dos, un type de blessure dont on ne se remet pas.

Mais là n'est pas le propos, bien au contraire, car que ce soit l'amour ou l'amitié, ces deux sentiments sont nécessaires, l'un ou l'autre, ou les deux en même temps, idéalement, pour que vous puissiez avancer dans les meilleures conditions. Ceux qui ont vécu une véritable histoire d'amour savent parfaitement que rien ne peut remplacer ce sentiment.

Certes, on peut aussi atteindre un certain degré de bonheur sans ce sentiment amoureux. Mais il s'agit là d'un bonheur tranquille, d'autant plus serein que l'on n'a jamais connu les transports de la passion. Lorsque l'on a été amoureux fou, trouver le bonheur dans un état de non sentiment, dans une phase de solitude amoureuse demande de la résilience et l'acception de cette situation.

Lorsque l'histoire d'amour est trop douloureuse, se retrouver de nouveau seul peut en effet procurer une sensation de bien-être, de repos, de quiétude, mais est-ce cela le bonheur ? Heureusement il existe des solutions de repli, on peut donner tout l'amour que l'on possède à ses enfants, ses petits-enfants, et atteindre un certain niveau de bonheur. Mais seul l'Amour, avec un grand A, celui qui vous fait passer dans un autre monde, qui vous fait vivre un ton au-dessus, qui vous entraîne au-delà des contingences matérielles, qui illumine votre quotidien, seul ce sentiment-là peut, quand on l'a goûté ne serait-ce qu'une fois, vous procurer une sensation inoubliable et à nulle autre pareille. Et sa fragilité est un peu ce qu'est la mort à la vie, elle lui donne sa vraie valeur.

En résumé, je dirais qu'en effet, il est tout à fait possible de cheminer sereinement sans amitié et sans amour, tel le « poor lonesome cowboy », avançant seul face à l'adversité, fort dans sa tête, sans attaches, sans problèmes, sans émotions.

Mais, pour employer des métaphores, je pense que l'amitié est le bâton qui vous aide à avancer sur le chemin, le bâton sur lequel vous pouvez vous appuyer quand le terrain est escarpé, que vous pouvez utiliser pour chasser les branches qui entravent votre route.

Et l'amour, le vrai, le sentiment qui vous permet d'avancer en lévitation, de décoller à plusieurs mètres au-dessus du sol, de planer largement au-dessus des embûches et des aspérités du chemin, dans un monde parallèle où vous êtes seul au monde avec l'être aimé. Et croyez-moi, avancer en volant de la sorte procure un bonheur incomparable qui rend encore plus criant de vérité

« Le chemin est le bonheur » !

Alors aimez, aimez et aimez encore, même si cet amour vient à s'effondrer, même si rien ne dure, même si rien n'est plus incertain que le temps d'un amour, l'important reste de le vivre ou de l'avoir vécu. Et, bien entendu, de le vivre encore.

Deuxième partie

Quelle attitude sur le chemin ?

Trouver le bon chemin

Une fois ces quatre points essentiels étudiés, vous êtes prêts certes, mais pas encore forcément sur le bon chemin. Car encore faut-il le trouver, ce fameux chemin !

Et croyez-moi, il n'est pas fléché sur votre GPS personnel. Ce sera donc à vous de le trouver, certains y parviennent rapidement, d'autres ont besoin de plus de temps, empruntent de mauvais chemins, pensant qu'il s'agit de raccourcis, se fourvoient, font demi-tour, et essayent une autre voie.

Et si, finalement, il n'y avait pas de chemin du tout ? Je veux dire pas un seul chemin, mais plusieurs, divers, adaptés chacun aux besoins et aux envies de ceux qui les empruntent ?

Comment se construire un chemin agréable ?

Et donc, si c'était à chacun d'entre nous de tracer son propre chemin ?

A commencer par votre cadre de vie ? À défaut de chemin, votre vie quotidienne possède un cadre. Et ce cadre, de par sa nature, sa beauté, son charme ou au contraire sa tristesse, sa triste banalité, influe bien plus que vous ne le pensez sur votre humeur, sur votre état d'esprit, sur votre façon d'aborder les différents rendez-vous qui vont ponctuer votre route.

Et si, donc, vous vous mettiez en tête d'embellir votre cadre de vie ? Cela tient parfait en trois fois rien. Des plantes vertes, des fleurs, une nouvelle peinture, un nouveau meuble, des photos ou des dessins aux murs. Et, d'un seul coup, vous vous sentez bien, le regard s'apaise, la beauté pénètre en vous, vous imprègne, vous donne le sourire. La sensation de bonheur c'est aussi ça, des petits riens qui changent beaucoup de choses, et de même que votre esprit ne doit pas être perturbé par des soucis qui vous minent, votre cadre de vie, le chemin que vous empruntez actuellement peut, selon son état, vous apporter du plaisir, une certaine satisfaction ou au contraire, de la tristesse.

Le principe de la méthode Coué

Autre point important sur ce chemin, votre pensée et ce que vous voulez bien mettre dedans. Les choses n'existent que parce que vous y accordez de l'importance.

Évitez de penser à des choses négatives, et elles disparaîtront comme par magie de votre vie. Vous connaissez tous la fameuse méthode Coué. Se dire « je vais bien » et finir par penser que l'on va bien. Même si cela peut paraître bien enfantin, vous n'imaginez pas tout ce que vos pensées, qu'elles soient négatives ou positives, peuvent engendrer comme conséquences sur votre état d'esprit.

On l'a évoqué en amont, ce n'est pas pour rien que votre mémoire a tendance à effacer de son disque dur les mauvais moments qui ont jalonné votre vie, pour ne retenir que les bons. Il s'agit d'un phénomène de protection bien connue sous le nom de refoulement et qui consiste à mettre dans une boîte, dans un tiroir, enfoui au fond de votre subconscient, tout ce qui pourrait vous rendre malheureux.

La mécanique de la mémoire est bien faite, même si elle vous joue des tours avec l'âge, elle fait tout pour vous protéger et vous aider à avancer sereinement.

Si l'inconscient est une entité à part, imaginer qu'il puisse effacer de notre mémoire des souvenirs traumatisants ou négatifs que l'on veut oublier, n'est pas étonnant.

Aidez votre mémoire ! Allez dans son sens et sortez de vos pensées toutes vos idées noires, tous les mauvais moments de vos journées, oubliez-les, évitez d'y penser et vous verrez que, presque miraculeusement, ils disparaîtront comme par magie. Vous avez sûrement remarqué que votre mémoire oublie par elle-même un certain nombre de choses, comme par exemple, lorsque vous avez une corvée à faire dont vous n'avez guère envie. Vous vous dites, je le ferai demain. Et le lendemain, votre mémoire « oublie » tout simplement de vous rappeler de le faire.

Aidez votre mémoire à oublier tout ce qui peut entraver votre bonheur. Pensez positif, pensez à tout ce qui vous procure du plaisir. La pensée peut faire beaucoup, mettez cela à profit et soyez les acteurs de votre bonheur en agissant directement sur ce qui peut l'entraver.

Et n'oubliez pas, il faut toujours se tenir éloigné des personnes négatives, elles ont toujours un problème pour chaque solution.

Mais attention, ne comprenez pas par-là qu'il faut faire l'autruche et éluder tous les problèmes. Procrastiner n'est jamais la bonne solution en ce qui concerne les problèmes à régler. Pour plagier l'adage qui veut que « qui paye ses dettes s'enrichit », je dirais qu'il faut traiter les problèmes quand ils se présentent, sans attendre, et les uns après les autres, si par hasard ils arrivent en escadrille, comme c'est malheureusement trop souvent le cas.

Il n'y a rien de pire pour se pourrir la vie que de repousser les problèmes. Mettre la poussière sous le tapis est une solution à court terme. Mais, un jour où l'autre, elle finira par ressortir. Pire, ces soucis non réglés, ces problèmes non traités, seront toujours présents dans un coin de votre esprit, de votre subconscient, et vous mineront intérieurement, vous empêchant d'atteindre la sérénité voulue pour cheminer en toute quiétude.

Alors traitez les problèmes au jour le jour, quand toutefois c'est possible, vous vous en débarrasserez ainsi le plus vite possible.

Les addictions : une question de volonté

Beaucoup d'entre vous connaissent des addictions, au tabac, à l'alcool, à la drogue, à la nourriture, etc.

Cette dépendance est évidemment un frein sur votre chemin du bonheur car elle vous tient et vous impose sa loi.

Il est probablement inutile de rappeler les méfaits de toutes ces addictions, quelques qu'elles soient, car généralement qui dit addiction dit produit prohibé ou dangereux pour la santé. On n'a jamais parlé d'addiction au bonheur ou au plaisir.

Se sortir de ces addictions est possible.

Oui, bien entendu c'est parfois plus facile à dire qu'à faire et cela nécessite une sacrée volonté. « C'est trop dur », expliquent les personnes qui n'y arrivent pas, je suis accro, impossible de m'en passer, etc.

Évidemment, tout cela est faux et nous allons le voir.

La Palice ne saurait mieux dire, l'important dans la vie est de ne pas tomber dans le piège des addictions, CQFD. Mais, qui n'a pas commencé à fumer une cigarette, encore ado, pour faire comme les copains, ou boire un verre de trop un soir de fête, pour oublier un chagrin d'amour ou simplement pour imiter les autres, ne pas passer pour un « faible» aux yeux de ses amis ?

Et puis, pour les plus fragiles d'entre nous, c'est l'engrenage. La force des habitudes, on suit le mouvement, car refuser une cigarette ou un verre, ou bien même un joint, c'est souvent synonyme de désolidarisation du groupe, de mise à l'écart, de singularité mal venue, quand ce n'est pas tout simplement l'objet de moult quolibets sur sa masculinité. C'est donc dès le plus jeune âge, dès l'adolescence, qu'il faut avoir la volonté de s'affirmer en disant « Non ». Certes, cette affirmation de sa personnalité peut vous valoir des remarques désobligeantes de toutes sortes, mais ensuite, une fois passé le cap, on se rend compte que c'est beaucoup plus facile, et bien souvent, les rires, plaisanteries et autres moqueries laissent place à de l'admiration, à du respect même parfois. Cela vaut peut-être le coup de l'expliquer à nos enfants.

Mais, là n'est pas le propos.

Prenons donc le cas où l'addiction est bien en place.

Comment s'en départir ? On le sait, notamment en ce qui concerne le tabac, les industriels truffent leurs cigarettes d'additifs qui vous rendent vite accros, rendant l'arrêt particulièrement difficile à cause de cette sensation de manque qui en découle vite.

Et tout le monde connaît un ami ou un proche qui a tout essayé pour arrêter, du patch aux pastilles, en passant par des séances d'hypnose et j'en passe. Et à chaque fois, après une période d'arrêt variable, qui peut aller de quelques jours à quelques mois, il replonge. Cette sensation de manque est donc vécue comme une privation, et, conséquemment, comme une entrave à son bonheur, alors qu'au contraire, céder à son désir apporte tant de satisfaction, du moins à court terme.

Le véritable problème est donc la prise de conscience, non de l'addiction en elle-même, ça non, les personnes « addict » savent parfaitement qu'elles le sont, non, mais de la nécessité d'arrêter. Et cela change tout. Car, en effet, si tout le monde s'accorde sur le fait que ce n'est pas bien bon pour la santé, de fumer, de boire, de se droguer, tant que le plaisir de le faire est plus fort que la nécessité d'arrêter, toute velléité sera vaine. Observez : autour de vous, qui a arrêté de fumer ? La plupart du temps, ce sont les gens auxquels le médecin a brandi la menace de la mort ou de la maladie grave. Et là, comme par enchantement, ils ont trouvé la force de tout arrêter. Quand je disais que c'est la peur qui régit le monde, en voici encore un nouvel exemple. La peur de la mort est souvent plus forte que les addictions, surtout, elle parvient à déclencher, et c'est cela le plus intéressant, la volonté de tout arrêter.

Car on en revient toujours à cela, la volonté peut beaucoup, comme par exemple mettre fin à ses addictions. Mais, et c'est ainsi pour beaucoup de choses, la volonté n'est qu'un concept, dont l'échelle d'intensité peut se mesurer comme sur l'échelle de Richter.

Tant que l'on n'a pas essayé vraiment, on n'imagine pas la puissance de sa propre volonté. Selon l'expression consacrée, n'oubliez pas que « la volonté peut soulever des montagnes », alors pensez parvenir à stopper une addiction…

Mais, il faut le vouloir, le vouloir vraiment. Et, c'est également le point positif sur lequel il faut revenir, une fois que vous aurez fait preuve de cette volonté, vous allez ressentir une véritable fierté.

La fierté, légitime, d'avoir réussi là où vous pensiez ne pas y arriver. Ce sentiment profond vous aidera à surmonter la privation et surtout l'envie, qui restera probablement longtemps encore ancrée en vous, de reprendre.

L'effort, oui,
mais pas sans récompense

Vouloir être heureux procède aussi bien souvent d'une volonté mais nécessite parfois des efforts. Prenons l'exemple du sport. En pratiquer régulièrement est fortement recommandé pour garder la forme, tous les médecins vous le diront. Mais voilà, il y a une montagne entre en avoir conscience et passer à l'acte. Si vous êtes membre d'un club et fidèle aux entraînements, pas de problème pour vous, mais si vous décidez juste de vous mettre au vélo d'appartement par exemple ou bien encore d'aller courir tous les matins avant d'aller au travail, alors là, vous allez vite comprendre que les choses vont se compliquer. Car les bonnes résolutions prises en début d'année ne passent généralement pas le stade de l'Épiphanie.

Pour quitter ses charentaises et enfiler ses chaussures de sport, pour sortir son vélo du garage, dans un premier temps tout ira bien, la motivation est bien présente, et puis, au fil des jours, on trouve très rapidement de nombreuses excuses pour ne plus le faire. Rien de bien anormal à cela. L'homme n'aime pas l'effort pour l'effort et préfère toujours le confort à l'effort.

Et pourtant, vous êtes toujours convaincu des bienfaits du sport. Alors, quelle est la solution ?

Je vais vous donner un conseil : transformer ce qui devrait être un effort en un moment de plaisir, ou tout du moins appliquez-lui une contrepartie. Je m'explique. Vous avez investi dans un vélo d'appartement mais, au bout de quatre séances, vous l'avez remisé au fond du garage et il prend tranquillement la poussière. Par acquis de conscience, vous le conservez en vous disant, « un jour peut-être m'y remettrai-je ? »

Alors voilà mon astuce : sortez le vélo et mettez-le dans un coin de votre salon, caché par une plante verte si vous le souhaitez. Et lorsque vous allez regarder un bon film, un match de foot, un concert au tout autre évènement qui va vous faire plaisir, sortez le vélo, placez-le devant la télé et pédalez tout en regardant votre programme.

Très vite vous allez oublier que vous pédalez et vous allierez ainsi le plaisir de regarder votre programme et celui d'avoir fait du sport, sans en avoir souffert.

Cet exemple est multipliable à l'envi. Il suffit juste d'assortir vos efforts physiques avec des moments de plaisir (la musique dans les oreilles en courant) ou alors de pouvoir apprécier les fruits de vos efforts de façon visible (prise de muscles, perte de poids, etc.) pour transformer ce qui apparaissait comme une corvée, en un moment agréable et surtout profitable pour votre santé.

Car, comme toujours, le plaisir que vous procure le fait d'avoir réussi à faire ce qui vous semblait impossible ou difficile, sera une véritable récompense. Cela vaut vraiment la peine d'essayer.

Un des secrets du bonheur : anticiper

On l'a vu, le bonheur tient à peu de choses. Et surtout, sa fragilité ne souffre aucun aléa d'aucune sorte. La pleine satisfaction de ses propres désirs, l'accomplissement de ses fantasmes ou de ses volontés, la parfaite réalisation de ses projets, tout cela contribue à tendre vers le bonheur. Mais, pour que tout se passe comme vous l'avez prévu, pour qu'aucun bâton ne se coince dans les roues de votre plan, il est une chose primordiale : l'anticipation ! Qu'est-ce donc qu'anticiper ?

Il s'agit de visualiser pleinement ce qui va se passer. Du moins ce que vous espérez qu'il va se passer. Concentrez-vous, fermez les yeux et visualisez la scène. Minute par minute.

Vivez la scène, comme si vous en étiez le témoin. Vivez la scène comme vous envisagez qu'elle se déroule.

Et en même temps, envisagez également tout ce qui pourrait se passer qui entraverait la bonne réussite de votre projet.

C'est là que vous allez anticiper. En effet, à chaque étape de ce processus, visualisez ce qui pourrait venir entraver la bonne marche de votre projet, et parallèlement, essayez de trouver la parade, le plan B s'il le faut, afin de ne pas être pris de court si par malheur, un grain de sable venait gripper la belle mécanique que vous avez soigneusement préparée.

L'anticipation, c'est également une façon de ne pas être surpris par l'arrivée des évènements. Si vous envisagez toutes les possibilités, alors lorsque l'une d'entre elles se présentera, vous ne serez pas désarçonné. Même si la vie réserve parfois des surprises, et pas forcément toujours imaginables.

Vous l'avez compris, l'anticipation comme toutes les petites astuces que je vous donne dans cet ouvrage n'ont d'autre but que d'éviter les aléas, les mauvaises surprises, les mauvais coups que la vie peut parfois vous donner. Car oui, si finalement, le bonheur c'était tout simplement un chemin sans embûches, ou mieux encore, parsemé de pièges que vous auriez appris à déjouer ?

L'hédonisme érigé
en principe de vie ?

Savez-vous ce qu'est l'hédonisme ?

Voilà la définition la plus généralement trouvée. En philosophie, l'hédonisme est une doctrine qui fait de la recherche du plaisir et de son intensité le fondement de la morale et le but de la vie. Le plaisir est considéré comme le bien le plus important de l'existence humaine.

Le philosophe contemporain Michel Onfray donne sa version en citant une maxime de Sébastien-Roch Nicolas de Chamfort : « Jouis et fais jouir, sans faire de mal ni à toi ni à personne » voilà, je crois, toute la morale.

Cette doctrine est associée, surtout dans l'Antiquité, à Aristippe de Cyrène ainsi qu'à Épicure, quoique leurs définitions du plaisir soient différentes. Épicure rappelle qu'un plaisir excessif actuel doit être évité s'il conduit à une douleur future tandis que les Cyrénaïques insistaient sur le fait que le plaisir est toujours l'objectif présent de l'action, même si cette fin est relativisée et se modifie dans le temps.

En fait, l'hédoniste n'a qu'un seul but : le plaisir. Et si vous en faisiez l'expérience ? Essayez de penser à quelque chose qui vous procure du plaisir dans votre journée, qui illumine votre quotidien. Et ensuite, essayez de multiplier ces moments, ces attentions, ces petits bonheurs. Et si, finalement, le bonheur n'était qu'une suite de petits plaisirs mis bout à bout et qui, au final, ferait de votre vie, un bonheur permanent ?

On dit souvent, et parfois avec raison, à l'instar de la santé, (on ne se rend compte de l'importance d'être en bonne santé que lorsque l'on tombe malade) que l'on ne réalise que l'on a été heureux qu'une fois que ce bonheur s'est envolé. Alors essayez de prendre conscience de vos moments de bonheur, et vivez-les pleinement, en conscience.

Le bonheur,
une histoire de volonté ?

Notre fonctionnement est ainsi fait que la vie efface généralement toutes nos cicatrices. À défaut de les faire disparaître totalement. Celles du corps comme celles du cœur. Mais leur souvenir, leur empreinte peuvent parfois être lourds à porter.

Afin d'accéder au bonheur, on doit accélérer le processus de mise à l'écart des moments pénibles de notre existence, et pouvoir enfin laisser la place à toutes les belles choses que la vie nous propose, pour peu que l'on soit prêt à le voir, à les recevoir. Le bonheur ne serait-il qu'une affaire de volonté ? Ce serait évidemment réducteur.

Mais, si vous commencez à vous faire du bien, à vous défaire des carcans qui vous oppriment, alors vous verrez que progressivement, votre corps et votre esprit vous montreront le chemin. Laissez-vous émerveiller devant la beauté d'une fleur, d'un simple coucher de soleil, du sourire d'un enfant, de la douceur d'une caresse et tout cela vous insufflera des ondes positives.

Essayez le plus possible dans une journée de rire, même et surtout à vos propres déboires et vous verrez que les petits moments qui vous pourrissaient la vie vont vite disparaître comme par enchantement. Tenez, faites un test. Un automobiliste vous coupe la priorité. Deux possibilités : soit vous l'insultez en hurlant, réaction première, pour ne pas dire primaire, soit vous lui souriez comme pour lui pardonner.

Dans le cas numéro un, pourtant assez légitime, votre niveau de stress va monter, vous allez générer des ondes négatives néfastes à tous points de vue. Alors que dans le cas numéro 2, ce sourire va s'inscrire sur votre visage pendant encore de longues minutes, et, non seulement vous allez générer des ondes positives, mais de plus, vous serez content de votre réaction et cela influera sur votre humeur à long terme.
Voilà comment transformer un mauvais stress en un moment de plaisir.
J'aime à citer l'expression coréenne « Sohwakhaeng » qui signifie « une joie minuscule mais certaine, facile à atteindre au quotidien ».

Qu'est-ce donc que ces petits plaisirs ? En fait, ils seront ce que vous choisirez, à partir parfois de petits riens comme la vue d'une fleur, le sourire d'un enfant, un café en terrasse, un carré de chocolat noir, un baiser de l'être aimé, etc. Il est donc primordial que vous fassiez, si ce n'est pas déjà fait, une liste, non exhaustive, de ce qui vous met en joie, ou du moins vous procure du plaisir.
Évidemment, l'idéal est d'accumuler le plus possible ces petits instants, à défaut de pouvoir les enchaîner. Plus vous les empilerez, plus votre quotidien prendra

des allures de belle journée. Et plus le chemin deviendra bien agréable.

Multipliez les actions positives de construction
Les actions positives de construction sont celles qui vous préparent un avenir serein. Voilà qui demande des éclaircissements.

Accumuler les petits moments de bonheur, c'est parfait pour votre satisfaction immédiate, pour faire de votre journée un tremplin vers le bonheur mais ce n'est pas suffisant si, dans un coin de votre tête, vous pensez qu'ils risquent de ne pas durer. Que tout cela peut s'arrêter du jour au lendemain. Du coup, votre bonheur ne sera pas total, car menacé d'extinction. Ce qu'il vous faut donc faire, en parallèle, c'est préparer l'avenir. Tout comme n'importe quel couple qui économise pour s'acheter une maison ou une nouvelle voiture, et qui planifie son avenir, votre bonheur doit faire l'objet d'une minutieuse préparation.

C'est ce travail en amont, destiné à pérenniser ces instants, à les inscrire dans le temps, qu'il importe de faire, afin de continuer à vivre avec une certaine sérénité. Et donc, pour cela, vous devez consacrer une partie de votre temps à la préparation de ce futur, à son anticipation.

Cela peut se matérialiser par des économies financières qui vous assureront cette autonomie dont nous avons parlé précédemment, mais aussi un effort porté sur votre entretien physique, un regard attentionné sur votre alimentation qui vous mettront à l'abri des gros pépins de santé.

Le bonheur étant avant tout un état d'esprit, il importe que votre esprit soit libéré de toute inquiétude. Et l'avenir avec son lot d'incertitudes, est trop souvent source de soucis et d'inquiétude. Bien entendu, rien ne prouve que tous ces efforts consentis seront payants, mais les faire aura, sur votre mental, un effet suffisamment rassurant pour vous permettre de continuer à profiter de chacun de ces petits moments de plaisirs qui mènent au bonheur tout au long du chemin.

N'oubliez jamais d'être bienveillants

Le bonheur ne vaut que s'il est partagé. Pourriez- vous être réellement heureux en sachant que ceux que vous aimez ne le sont pas ? Que vos proches souffrent, sans que vous vous en souciez le moins du monde ? La réponse est probablement non.

Voici pourquoi je suggère qu'une partie de vos journées soit consacrée à l'attention que vous devez porter à ceux qui vous entourent. Amis, familles, personnes aimées ou même simples relations de voisinage, tous les gens que vous côtoyez chaque jour ou qui sont présents dans votre cœur, ont tous besoin de votre bienveillance à leur égard.

Rappelez-vous cette maxime : « Le bonheur est un parfum que l'on ne peut répandre sur autrui sans en faire rejaillir quelques gouttes sur soi-même. »

Autrement dit, faire le bien autour de vous, aider les autres, ne serait-ce que s'enquérir de leur santé, partager un sourire ou un mot gentil, toutes ces petites attentions prodiguées ici et là, non seulement ne vous coûteront rien, mais au contraire, participeront à votre propre épanouissement, éclaireront vos journées, venant s'ajouter, de façon complémentaire, à vos petits plaisirs quotidiens, nourrissant de leur sève les arbres qui jalonnent votre chemin.

Le respect des autres

Durant toute votre vie, vous allez être confronté aux autres. « L'enfer, c'est les autres » aimait à dire Sartre. Que voilà une vision pour le moins négative et pessimiste de la relation que nous allons mettre en œuvre avec les personnes de notre entourage. Évidemment, tout le monde n'a pas la même intelligence, le même esprit, la même façon de voir les choses, le même mode de vie, la même religion, etc. Et vivre en parfaite harmonie avec son prochain relève souvent de l'illusoire.

Mais, une fois encore, si l'on se place dans l'optique de suivre son chemin sans trop d'embûches et de perturbations, il importe de bien choisir ses fréquentations, ses amis, ses amours, les gens que l'on va côtoyer tout au long ou durant une partie du chemin. Si nous ne choisissons pas notre famille, par contre nous pouvons encore choisir nos amis, nos relations.

Dans nos relations avec les personnes que nous allons devoir côtoyer, voici quelques règles simples afin de ne pas se créer d'ennuis.

Le respect des convictions, des modes de vie, des différences et des attitudes d'autrui

Vous allez me dire que parfois, lorsque l'on rentre dans une relation plus personnelle avec une personne, il est difficile de faire abstraction du côté sentimental, de passer outre la douleur de la trahison ou de l'incompréhension.

Je ne vous demande pas d'éviter de souffrir, la souffrance, la déception, l'abandon, la trahison sont souvent malheureusement le risque à payer de son engagement, que ce soit sur un plan amical, amoureux ou même sociétal. Mais, on l'a vu plus haut, une vie sans amour, sans ami, sans relation forte, n'a pas le même parfum, pas la même puissance. Alors acceptons-en les conséquences, même si elles sont douloureuses.

Ne rejetons pas systématiquement sur les autres l'échec d'une relation, prenons notre part de responsabilité, relativisons, et repartons, rebondissons, avançons.

Dans notre relation à l'autre, évitons la suffisance, la vexation, l'humiliation, un comportement qui pourrait nous nuire par le biais d'une réaction violente. Essayons toujours, dans la mesure du possible, de rester dans une attitude de respect, de compréhension, ou même d'ignorance. Car on ne sait jamais quelle peut être la réaction d'un individu face à un comportement qu'il pourrait juger comme dégradant, injurieux ou humiliant. « Jamais auprès des fous ne te mets à portée, Je ne te puis donner un plus sage conseil. Il n'est d'enseignement pareil.

À celui-là de fuir une tête éventée », disait La Fontaine. Voilà qui résume bien la situation.

De même qu'il vous faudra faire attention à vos fréquentations, il vous faudra également faire attention à vos propos et à vos attitudes. Nous n'avons pas tous le même sens de l'humour, ni le sens des réalités. Veillez donc à éviter le conflit même s'il faut prendre un peu sur vous. N'oubliez jamais qu'il vaut mieux un mauvais arrangement qu'un bon procès.

D'une manière générale, votre chemin sera beaucoup plus agréable s'il est jalonné de belles et bonnes personnes. À vous donc de les placer sur votre route.

La religion, pourquoi pas ?

Abordons maintenant le thème de la religion - j'englobe ici toutes les religions sous la même bannière car le principe reste le même, quelle que soit la religion - vous savez cette croyance qui vous promet le bonheur, sur cette terre ou dans l'au-delà (plus sûrement d'ailleurs), à condition de croire en un être supérieur qui décide de tout, seul là-haut dans le ciel. D'y croire et de lui prêter allégeance ! D'y croire et de le vénérer !

Sur ce sujet, je vais être le plus clair possible ! Loin de moi ici en effet l'idée de juger qui que ce soit sur sa croyance ou son athéisme. La liberté de penser, de croire ou de ne pas croire est fondamentale et comme je fais de cette liberté, en général, un des piliers du bonheur, je ne vais sûrement pas la remettre en question ici.

Qu'il me soit néanmoins permis de faire quelques remarques. L'homme a créé Dieu. L'inverse reste encore à prouver et cela personne ne l'a encore fait.

Mais admettons. Si croire permet d'avancer sur le chemin dans un esprit de partage, d'amour, de fraternité, de tolérance au nom d'une religion qui véhicule ces principes, alors je peux le comprendre. Et si cette croyance participe à votre sentiment de bien-être, alors continuez.

Mais, si croire est synonyme de violence, de rejet de l'autre, de certitudes de posséder la vérité, d'éradication de toute autre forme de croyance, d'exclusion, de racisme, de réduction des libertés, de sexisme, alors permettez-moi de douter de son « utilité » pour accéder au bonheur sur votre chemin. Inutile de référencer ici tous les crimes, tous les meurtres et les massacres perpétrés au fil des siècles et encore de nos jours au nom de la religion.

Je rappelle que personne n'ayant encore pu prouver non plus qu'il y avait une vie après la mort, peut-être est-il préférable d'être heureux dans celle-ci ?

Faites confiance !

Le bonheur se nourrit, nous l'avons vu, d'une réelle tranquillité d'esprit. Et cette tranquillité se travaille. Elle base ses fondements sur plusieurs piliers dont un primordial, la confiance.

Nous avons tous des relations avec nos amis, nos collègues, nos voisins, notre famille, nos amours, etc. Des relations qui nécessitent des rapports de confiance afin de ne pas se demander en permanence si nos amis, notre famille, nos amours, nos relations ne vont pas nous trahir.

Pour être pleinement sereins sur le chemin du bonheur, nous devons nous débarrasser des mauvaises pensées, des peurs qui nous encombrent et freinent nos pas.

Et si l'on ne fait pas confiance en ceux avec lesquels nous interagissons, aussi bien sur le plan professionnel que sentimental, alors nous allons perdre tellement de temps et d'énergie à toujours douter de tout et de tous, qu'il nous en restera forcément un peu moins pour, au contraire, aller de l'avant et nous consacrer à des projets qui nous motivent.

Mon conseil consiste donc à bien réfléchir avant d'engager votre confiance en quelqu'un, puis, une fois cela fait, à n'y plus penser et avancer sans arrières-pensées négatives, sans douter, l'esprit serein, ouvert et détendu. Bien entendu, il arrivera peut-être, si vous avez fait le mauvais choix, au départ, que cette confiance soit trahie, mais de toute manière, cela serait arrivé aussi si vous aviez passé votre temps à ne pas avoir confiance, ce qui s'apparente dans ce cas-là à la double peine.

Jalousie même combat !

Il en va de même pour la jalousie, ce sentiment qui vous pourrit la vie ! Sachez que la jalousie ne sert à rien si ce n'est à vous faire du mal. Car, si la personne aimée dont vous pouvez douter a envie de vous tromper, elle le fera, que vous soyez jaloux ou pas.

Pire, si cette jalousie lui pourrit également la vie, il y a des risques pour qu'elle vous quitte pour ce motif. Alors, mettez la jalousie de côté, ce qui ne signifie pas que vous devez rester insensible, au contraire, montrez bien à la personne à laquelle vous tenez que vous l'aimez, c'est la seule façon de la conserver.

Et n'oubliez jamais que la seule personne à laquelle vous pouvez vraiment faire entière confiance, c'est vous.

Mais, il y a parfois des situations dans la vie où vous ne pouvez pas faire autrement que de faire confiance (opération chirurgicale, avion, etc.) alors autant y être préparé…

Apprenez à être seul

Nous abordons là un point très important qui va conditionner une grande partie de votre attitude sur le chemin du bonheur.

J'aime assez cette citation attribuée à Bouddha : « Si tu ne trouves pas d'ami sage, prêt à cheminer avec toi, résolu, constant, marche seul, comme un roi après une conquête ou un éléphant dans la forêt. »

Mon propos part de cet apostolat : dans la vie nous sommes toujours seul ! Oui, je sais, vous allez me dire que c'est faux, que l'on est d'abord aimé par ses parents, puis que l'on partage sa vie avec sa famille, ses amis, ses collègues, puis, plus tard avec ses amours, une nouvelle famille, etc.

Effectivement, nous ne vivons, pour la plupart d'entre nous, pas seuls. Nous sommes presque toujours entourés, par nos parents, les membres de notre famille (pour ceux qui en ont), nos amis, nos connaissances, nos amours, etc. Et pour autant, ne sommes-nous vraiment pas seuls ?

Lorsqu'il s'agit de prendre des décisions importantes qui vont impacter notre vie, ne sommes-nous pas seuls face à nous-mêmes ? Combien de temps dure une relation, aussi intime soit-elle ? Nos parents sont-ils éternels, nous accompagneront- ils toute notre vie ? Nos amours sont-elles durables ? Allons-nous être aimés toute notre vie par la même personne ? Allons-nous conserver nos amis tout au long de notre existence ?

À toutes ces questions, reconnaissez que la réponse pourrait souvent être négative. La seule personne avec laquelle vous êtes certain de partager votre vie, du début jusqu'à la fin, c'est vous, et seulement vous.

Cette prise de conscience engage celle d'une autre réalité, vous serez parfois totalement seul, à un moment ou à un autre dans votre vie !

Alors autant s'y habituer, l'admettre, l'accepter et faire en sorte que, lorsque vous serez confronté concrètement à cet état de fait, vous ne soyez pas surpris. Et plus vous serez en parfaite harmonie avec vous-même, plus vous serez préparé, moins cette situation vous fera peur.

Pour autant, et nous l'avons vu dans les fameux piliers nécessaires dans cette quête du bonheur, l'amitié et l'amour sont d'une importance capitale. Donc, mon propos n'est absolument pas de vous dire qu'il faut rechercher cette solitude, mais bien de vous faire comprendre que lorsque ce sentiment naît en vous, mieux vaut ne pas être surpris, mais essayer plutôt de traverser cette épreuve sereinement, en vous disant que d'autres amis, d'autres amours viendront bientôt vous accompagner dans votre chemin.

Et comprenez aussi, que plus vous serez fort dans votre solitude, plus vous serez exigeant quant à la qualité des personnes qui vous entoureront. Ces mêmes personnes auxquelles vous pourrez du coup faire confiance. Vous voyez, tout est finalement lié.

Prise de conscience

Être heureux, d'accord, encore faut-il en avoir conscience. La pleine conscience.

Car un peu à l'instar de celui qui vit en bonne santé mais n'en tire aucun plaisir et qui ne le réalise qu'une fois qu'il tombe malade, le bonheur est un sentiment si évanescent, si fragile, si peu palpable que bien souvent on ne se rend compte que l'on a été vraiment heureux qu'une fois qu'on ne l'est plus.

Étrange paradoxe. Le bonheur ne serait-il que rétrospectif ?

Non, mais il s'agit qu'une notion si subjective, si précieuse, si fragile, si peu démonstrative, et parfois si fugace, que l'on peut aisément passer complètement à côté. Sans se rendre compte de sa présence.

J'insiste donc sur le fait de vous interroger fréquemment !

Faites un check-up de votre vie. Avez-vous, un peu comme les bons numéro du loto, les 4 lettres ALSA dans votre existence ? Si oui, alors qu'attendez-vous pour sourire à la vie, pour vous réveiller tous les matins en chantant, pour prendre conscience de votre bonheur ?

Il semblerait que l'on attende toujours qu'il nous arrive des choses extraordinaires, des évènements exceptionnels pour être enfin heureux. Mais tout cela est faux. Le bonheur est souvent juste là, devant vous. Il ne tient qu'à vous de vous en rendre compte.

La vieillesse,
un naufrage ?

Que n'a-t-on entendu cette phrase, lancée comme un message de détresse ? La vieillesse est un naufrage ! Et la bouée de sauvetage ne semble pas venir…
Et bien, si on faisait en sorte que ce ne soit pas le cas.

Vieillir est encore le plus sûr moyen que l'on ait trouvé pour vivre longtemps.
Même si la qualité prime sur la quantité, entendez qu'il vaut mieux vivre pleinement heureux 70 ans, par exemple, que malheureux centenaire, nous allons voir que l'on peut éviter le naufrage total. Et faire de ce vieillissement une chance.

Savez-vous que d'un pur point de vue physiologique, on commence à vieillir dès l'âge de 26 ans ?!
D'après le site Sciences et Avenir, les premiers signes de vieillissement peuvent être détectés dès l'âge de 26 ans. C'est ce que révèle une sérieuse étude Américaine en 2015. Les chercheurs ont étudié les métabolismes d'un groupe de 954 personnes nées en Nouvelle-Zélande en 1972 et 1973. Ils ont étudié leurs reins, foie, poumons, dentition, vaisseaux

sanguins, métabolisme et système immunitaire à l'âge de 26, 32 puis 38 ans.

Et ils ont trouvé des signes de vieillissement et de détérioration dès l'âge de 26 ans, à savoir l'âge le plus jeune auquel des données ont été recueillies pour cette étude.

Voilà qui relativise notre relation au vieillissement. Prenons juste un exemple : la masse musculaire décroît de 5 à 10% chaque décennie. Un homme de 75 ans a perdu un quart de la force musculaire dont il disposait lorsqu'il était jeune.

Alors, on baisse les bras ?

Vous vous doutez bien qu'il n'en est pas question.

Réagissons ! Première étape : l'acceptation !

Il ne sert à rien de vouloir retenir le temps, jusqu'ici personne n'y est parvenu. Refuser de voir que le temps passe, que nos tempes grisonnent, que les rides s'installent, que les cheveux blanchissent, n'a jamais empêché les années de défiler. Donc, accepter l'inéluctable reste encore le meilleur moyen de ne pas être trop malheureux. Se dire qu'il est naturel de perdre tous les jours un peu de sa jeunesse n'a rien de bien motivant, et même si l'on accepte cet état de fait, avouez que cela peut être assez déprimant. À moins que...

C'est là qu'intervient la seconde étape : l'adaptation !

Bon, nous vieillissons, c'est un fait. Ne faisons pas l'autruche et essayons d'adapter notre vie à cet état de fait.

S'adapter – n'oubliez pas que l'intelligence n'est rien d'autre que la faculté d'adaptation, comme le disait fort justement André Gide – c'est donc faire preuve d'intelligence afin de mieux supporter les outrages du temps.

S'adapter, d'accord mais comment et à quoi ? Voilà des questions auxquelles chacun doit apporter sa propre réponse. Car, dans le vieillissement comme dans la vie en général, nous ne sommes pas tous égaux.

Certains ressentent plus que d'autres les effets du vieillissement, que ce soit physiquement ou mentalement. Dans la vie professionnelle, dans le sport, dans la vie courante, dans la vie amoureuse, dans la relation avec les autres, les formes de vieillissement sont nombreuses et différentes pour chacun d'entre nous.

Ce qui importe avant tout, c'est la prise de conscience de ce qui change pour nous en fonction des années qui passent. Si vous courez tous les jours 10 kilomètres en 30 minutes par exemple et que vous voyez que vous avez tendance à être de plus en plus essoufflé ou à mettre davantage de temps, et bien ce n'est pas grave, il suffit d'adapter sa course à ses nouvelles possibilités. Sans pour autant arrêter.

S'adapter c'est aussi accepter de mettre ces maudites lunettes que l'ophtalmologiste vous a prescrites mais que vous avez toujours refusé de porter en public, c'est arrêter de porter ces charges lourdes qui commencent à vous casser le dos, c'est manger moins en fonction de votre activité qui décroît, c'est remplacer le tennis par la natation, c'est découvrir le plaisir d'une petite sieste de temps à autre, c'est remplacer le café du soir par une bonne infusion.

Et les exemples peuvent se décliner à l'infini en fonction de chaque cas personnel. L'essentiel est de mettre en place cette adaptation, sans toutefois se dire qu'il s'agit d'une décrépitude. Et pourquoi ?

Parce que c'est là qu'intervient le troisième point, et pas le moindre : la compensation !

Devoir renoncer à ce que nous faisions dans notre jeunesse, nous mine toujours un peu le moral. Certes, nous avons vu que l'on pouvait s'adapter, mais cela ne suffit pas pour éviter la sensation de « naufrage ». Il faut faire encore mieux : transformer ce qui pourrait s'apparenter à une déchéance, à une dégradation de la situation, en une chance. Oui, vous avez bien lu, une chance !

Celle de rebondir, de s'ouvrir à d'autres horizons, de partir vers d'autres cieux, d'aller à la découverte de terres inconnues. Bien vieillir, c'est donc transférer ses centres d'intérêt, se lancer dans de nouvelles aventures, apprendre autre chose, lire, voyager, s'occuper de ses petits-enfants, écrire, dessiner, intégrer une association, investir de nouveaux territoires, ne jamais cesser de s'intéresser.

Avoir l'esprit continuellement en éveil est encore le meilleur moyen de se sentir vivant. Et aussi, pourquoi pas, tomber de nouveau amoureux ! Il n'y a pas d'âge pour être aimé, pas d'âge pour tomber amoureux, et quel moyen plus sûr de se sentir encore jeune que de vivre une belle histoire d'amour ?

Tant que sont toujours réunies les quatre conditions nécessaires au bonheur, ces fameuses lettres ALSA, alors tout est possible, tout est encore possible. Il suffit juste de le vouloir, de ne pas baisser les bras. Et tant pis si c'est parfois plus difficile de se lever, de se bouger, si parfois on ne comprend pas toujours la jeune génération, si on se sent dépassé sur bien des points, essayons de résister le plus longtemps possible. Avoir une passion peut réellement vous aider.
« Tout âge porte ses fruits, il faut savoir les cueillir ».
Raymond Radiguet « Le bal du comte d'Orget »

Soyez passionné !

La passion comme moteur sur votre chemin ?
Voilà une question qui a le mérite d'être posée.
On l'a vu, le chemin est le bonheur. Or sur ce chemin, être passionné, que ce soit par un amour ou par un sport, une cause, une discipline culturelle, ou de toute autre sorte, vous permet de vivre un ton au-dessus des simples contingences de la vie quotidienne.

Être passionné, c'est vivre à fond, c'est ne jamais s'ennuyer, c'est se donner corps et âme, c'est être porté au-delà des rivages ternes des habitudes, c'est en quelque sorte trouver un sens à sa vie. Le voilà le mot ! Trouver un sens à sa vie ! Et là, d'un seul coup, tout s'éclaire, cette vie à laquelle on ne trouvait pas de sens, si finalement, elle en avait un ? Ne serait-ce que pour vivre cette passion pleinement ?

Les êtres passionnés ne se posent plus la question, ne s'interrogent plus sur la vacuité de leur existence, sur le pourquoi de leur présence sur cette terre. Et si c'était là LA réponse ?

Avez-vous remarqué comme les gens passionnés ne sont jamais en déprime, comme ils avancent, portés, mus par une force supérieure qui les transcende ?

La passion amoureuse fait renverser des montagnes. Certes, elle peut aussi être dévastatrice. Et passagère également. Mais au moins pendant le temps où elle illumine l'existence de celui qui la connaît, elle lui offre un autre horizon, une force et une détermination qui lui font oublier tout le reste.

Et si, par chance, elle est partagée, alors le chemin tout entier n'est que pur bonheur. Mais par passion, j'englobe également tout ce qui occupe l'esprit de celui qui est concerné, que ce soit une discipline ou tout autre centre d'intérêt. Avoir une passion, n'est-ce pas l'assurance de ne jamais s'ennuyer, de ne jamais chercher vainement un sens à ses actions ?

Alors, oui l'amour, l'amitié, sont des facteurs prépondérants sur le chemin du bonheur, mais la passion, avec ce qu'elle a de spécifique, de puissant, d'intemporel parfois, peut aisément prétendre à vous accompagner sur le chemin du bonheur.

Pratiquez l'introspection

Nous avons probablement tous des freins qui, à un moment ou un autre de notre existence, nous empêchent d'être pleinement heureux. Et ces freins sont nombreux, physiques oui, mais souvent aussi d'ordre psychologique. Un traumatisme mal exprimé, qui nous mine intérieurement de façon plus ou moins consciente, la perte d'un être cher mal digérée, un évènement pénible qui a laissé des traces indélébiles, un échec plus ou moins avoué, des regrets ou des remords, la liste serait trop longue à faire pour être exhaustive.

Ces traumatismes conscients ou non, qui entraînent des blocages doivent être levés. Encore faut-il en trouver la cause, la seule manière de les aborder et de les traiter.

C'est là que rentre en jeu l'introspection. Certains pratiquent le yoga, d'autres des disciplines d'origine asiatique, l'essentiel est de parvenir à rentrer en contact avec son Moi !

Pour Jean-Paul Lannegrace, qui en parle fort bien dans son excellent ouvrage « Trouver son identité profonde » le Moi profond pourrait être un puits dans lequel il faut descendre pour trouver de l'eau pure.

En d'autres termes, il faut souvent faire un véritable travail d'introspection afin de rechercher l'origine de nos maux dont la manifestation n'est pas toujours facile à décoder.

De nombreux sites rivalisent d'imagination pour vous indiquer comment pratiquer la méditation introspective. À chacun sa méthode. Mais attention, là encore il faut se méfier des techniques miraculeuses. Bien souvent, afin de remonter aux sources des problèmes, si les barrières sont trop fortes, il vous faudra passer par la consultation auprès de vrais professionnels qui vous aideront dans ce cheminement. Mais rien ne vous empêche de faire vous-même les premiers pas.

Même si vous avez envie, emporté par le tourbillon de la vie, de suivre le chemin sans ralentir la cadence effrénée qu'il impose parfois, il arrive que vous sentiez que quelque chose vous empêche d'avancer droit, sereinement.

Alors il est souvent utile de savoir s'arrêter sur le bord du chemin et de faire le point. Les bienfaits d'une introspection réparatrice vous permettront, par la suite, de rattraper le retard, si retard il y a.

L'objectif de cette introspection consiste donc à replonger dans votre passé pour trouver l'origine de vos freins, de vos angoisses, de vos peurs, de vos phobies, de vos tocs, etc. Une fois cette origine mise à nu, et ce n'est pas toujours aisé, alors la plus grosse partie du travail sera effectué.

Il convient ensuite de voir comment vous allez pouvoir surmonter ces freins, ce qui peut prendre un peu de temps, mais les progrès accomplis vous démontreront rapidement les bienfaits de cette introspection.

Pour parvenir à cette introspection, il vous faudra probablement accepter de vous retrouver face à vous-même, découvrir la solitude. Comme le dit si bien Gustave Nicolas Fischer, professeur honoraire de psychologie : « Se retrouver avec soi est donc une exigence de la solitude pour se construire et se construire comme être humain. Ce retour vers soi est le mouvement même vers sa propre réalisation qui apparaît d'autant plus nécessaire que nous sommes tous pris dans des situations relationnelles qui nous enferment souvent et nous dispersent… Alors seulement la solitude peut donner lieu à une métamorphose intérieure qui permet de vivre votre vie comme le seul chemin de notre accomplissement véritable. »

Je sais que parfois, se replonger dans des souvenirs pénibles que l'on essayait tant bien que mal d'oublier, d'enfouir au plus profond de soi, nécessite une grande force de caractère. Mais la lumière est souvent au bout du tunnel.

C'était mieux avant ?

Le fait d'être ou non optimiste pour l'avenir joue un rôle primordial sur votre capacité à cheminer heureux sur le chemin de votre vie. Si vous pensez que l'avenir sera sombre, quelle envie aurez-vous en effet à vouloir continuer votre route ? Quel entrain mettrez-vous à accomplir chaque jour une partie de ce chemin ?

Les personnes négatives, celles qui pensent que l'avenir sera pire que le passé, que tout ira de mal en pis, que c'était mieux avant, ne sont pas celles qui vous montreront comment avancer en sifflotant.

Combien de fois avez-vous entendu cette formule, « C'était mieux avant » ?

Qu'il me soit permis de m'attarder quelque temps sur cette constatation, tout d'abord pour tenter de l'expliquer et surtout pour vous démontrer que rien n'est plus faux.

Pour expliquer pourquoi tant de personnes pensent sincèrement que c'était mieux avant, il faut comprendre que nous préférons toujours ce que nous connaissons à ce que nous ignorons.

Quand je vous disais, en amont, que la peur régissait le monde, nous en voyons là encore un autre exemple. Face à un avenir que l'on craint, que l'on ne maîtrise pas, on préfère se souvenir du passé, des bons moments que nous avons connus et qui sont restés ancrés dans notre mémoire, mettant sciemment de côté tous les problèmes et les aspects négatifs de ce passé. Ce phénomène est expliqué par la théorie de la sélectivité socio-émotionnelle de Laura Carstensen : « Lorsque nous avons conscience que le temps qui nous reste à vivre est limité, nous choisirions davantage de centrer notre attention sur des souvenirs et expériences positives. »

Certes, tout n'est pas forcément mieux aujourd'hui et chaque période de la vie, chaque avancée possède ses bons et ses mauvais aspects, mais avant de considérer que c'était mieux avant, étudiez vraiment la vie d'avant dans tous ses aspects.

Quelques exemples pour vous prouver que ce n'était pas si mieux avant, sans pour autant remonter au Moyen-Âge.

En 1972 on dénombrait 18 034 morts sur les routes. Seulement 3 488 en 2018. Et pour un nombre de véhicules beaucoup plus important.

Le taux de mortalité infantile dans les années 80 était de 9,5 pour mille. Il est aujourd'hui dans les années 2020 de 2,8. Lorsque l'on sait que le tabac est la première cause de décès en France, rappelez-vous quand tout le monde fumait dans les restaurants, les cafés et au bureau…

Rien que sur la période comprise en 2000 et 2010, le temps consacré aux tâches ménagères par les femmes à baissé de 22 minutes grâce aux progrès technologiques.

Et l'on pourrait décliner ces exemples à l'infini ou presque.

Alors, peut-être que tout n'est pas mieux aujourd'hui, et que tout ne sera pas parfait dans le futur, mais une chose est certaine, ce n'était pas vraiment mieux avant...

L'éducation
sauvera le monde

Au fur et à mesure des avancées de la science, de la connaissance, les croyances de toutes sortes reculent. Rappelez-vous que les Gaulois, nos lointains ancêtres, avaient peur que le ciel ne leur tombe sur la tête. Qui le craint aujourd'hui ? Et tous ceux qui pensaient que la terre était plate ont dû attendre pas mal d'années et Galilée (bien que dans l'Antiquité déjà on savait qu'elle était ronde) pour savoir qu'il n'en était rien.

De tout temps, la recherche a repoussé les théories les plus farfelues. Si le monde fut si croyant, c'est bien parce qu'aucun scientifique n'avait encore pu démontrer les mécanismes de l'arrivée de la vie sur la Terre.

Aujourd'hui, croire en un Dieu relève davantage d'un besoin personnel que d'un fait établi.

Face aux peurs, face aux dangers que représente l'inconnu, les avancées scientifiques sont de nature à rassurer, à expliquer, même si, au stade où nous sommes, il reste encore de bien nombreux mystères.

Et la science est encore loin de pouvoir tout expliquer. Mais qu'importe, partout, l'éducation, l'apprentissage, la recherche contribuent à éloigner les incertitudes, les peurs, les fausses croyances. Face au danger que représente l'inconnu dans l'imagination collective, l'éducation est la planche de salut.

Apprendre à connaître l'autre, s'intéresser aux choses que l'on ignore, découvrir d'autres horizons, voilà qui éloigne nos angoisses et nous permet d'avancer plus sereinement. Partout dans le monde, l'éducation fera reculer les théories complotistes, le terrorisme, le sexisme, le racisme, la peur. Soyons optimistes, certes, cela ne se fera pas en un jour et de nombreux pièges viendront essayer d'entraver cet accès à la connaissance, car plus vous êtes éduqués moins vous êtes susceptibles d'être avilis. Et cela ne plaît pas forcément à ceux qui profitent sans vergogne de l'ignorance, des croyances et des peurs des peuples non instruits pour les maintenir sous leur joug.

Fort heureusement, partout dans le monde, malgré les bombes, malgré la faim, malgré les attentats et le fondamentalisme, l'éducation progresse. En dix ans, les taux de scolarisation ont progressé dans le monde pour tous les niveaux d'éducation. Sur cette période, le nombre d'enfants non scolarisés a quasiment été divisé par deux, de 99,7 millions à 57,8 millions, selon le rapport 2014 sur l'éducation pour tous de l'Unesco. Il faut être positif ! Il y a encore beaucoup de progrès à faire, mais la scolarisation des enfants s'améliore dans le monde et c'est un progrès que l'on mesure mal dans les pays où celle-ci est généralisée. Cette évolution est source d'émancipation, de meilleur respect des droits, de progrès économique et social.

Elle est à corréler avec la baisse de fréquentation des cultes religieux.

Ainsi, peut-on voir d'après les études récentes, que niveau de vie, durée de vie et temps de fréquentation au sein de l'enseignement scolaire ont un effet direct sur la baisse des croyances religieuses. Ainsi, par exemple, d'après le site Slate, au Nigéria où l'espérance de vie est de 50 ans, la fréquence de l'assistance à l'office est de 90%, tandis qu'aux Pays-Bas où l'espérance de vie est de 83 ans, cette fréquentation est seulement de 10%. De même, cette fréquence est inversement proportionnelle au nombre d'années moyen de scolarisation. Alors qu'en Estonie, cette durée est de 13 années et la fréquence à l'office de 3%, ces proportions sont respectivement d'une année et de 93% au Niger.

Déculpabilisez !

J'entends encore trop souvent des personnes me dire, et c'est tout à leur honneur, « Je ne me sens pas le droit d'être heureux lorsque que je vois tant de misère autour de moi, tous ces gens qui meurent de faim, toutes ces injustices, toute cette violence… ».

Cette culpabilisation, certes tout à fait honorable, en faisant du malheur des autres une sorte de frein à votre propre bonheur, constitue un vrai handicap sur votre chemin.

Si elle démontre toutes les qualités humaines qui vous caractérisent, elle ne doit pas pour autant vous empêcher d'être heureux. Loin de moi l'idée de vivre dans une sorte d'autarcie de conscience, dans une bulle qui nous couperait des réalités du monde. « Le bonheur ne vaut que s'il est partagé », est une belle formule qui malheureusement ne peut pas s'appliquer au monde entier.

D'abord, parce qu'il y aura toujours des gens qui ne seront jamais heureux, quelles que soient leurs conditions de vie, ensuite, parce que nous ne pouvons pas nous rendre responsable du malheur des autres. « Essayons d'être heureux, ne serait-ce que pour donner l'exemple », cette citation de Jacques Prévert pourrait, à elle seule, résumer la situation.

Certes, partout dans le monde, il faudra lutter pour qu'il n'y ait plus de gens qui souffrent, de malnutrition, de violences, de maladies incurables, de persécution, de racisme, d'isolement, et autres atrocités, mais vous ne pouvez porter tout le malheur du monde sur vos épaules.

Comme je vous le disais dans un chapitre précédent, faites le maximum de ce qui est en votre pouvoir pour aider les gens qui souffrent autour de vous, vous en retirerez de véritables motifs de satisfaction personnelle. Mais, dites-vous que pour les personnes qui vous entourent et qui vous aiment, votre propre bonheur est également très important. Voilà qui devrait vous aider à déculpabiliser d'être heureux dans un monde imparfait.

Vos enfants ne vous appartiennent pas

Consacrons un paragraphe à la relation que vous entretenez avec vos enfants. Ou avec vos parents. Ou bien même les deux à la fois.

Je pense qu'il est un principe de base qu'aucun parent ne devrait oublier : vos enfants ne vous ont rien demandé.

S'ils sont là, c'est bien (du moins espérons-le) parce que vous les avez bien voulus, du moins parce que vous les avez conçus.

Je crois qu'il importe de bien garder cela en mémoire lorsqu'il s'agit de les élever et de gérer les problèmes qu'ils peuvent vous poser. Vos enfants ne vous appartiennent pas et ne vous doivent rien.

A contrario, vous leur devez tout. Ils sont votre création, le fruit de votre volonté, de votre plaisir ou d'un moment d'égarement, comme vous voulez, mais ils sont là parce que vous l'avez, implicitement ou non, voulu.

Quelles que soient les raisons qui vous ont poussé à créer cet être :

- Un besoin viscéral d'être père ou d'être mère
- Le désir d'éternité qui sommeille en chacun d'entre nous

- L'envie de transmettre
- Le besoin de donner un sens à votre vie
- Le désir de ne pas finir seul(e) sa vie
- Un grand besoin d'amour à donner et à recevoir
- Concrétiser, matérialiser une belle histoire d'amour
- Tout cela à la fois ou d'autres raisons encore.

Quelles qu'en soient les raisons, l'acte de faire naître des enfants n'a jamais rien d'anodin. Et il implique un certain nombre d'obligations.

Les nourrir, les éduquer, leur mettre un toit sur la tête, veiller à leur sécurité, les aimer, tout cela est la moindre des choses que vous devez faire.

Je dis bien les éduquer, et ce n'est pas leur passer tous leurs caprices, bien évidemment, mais au contraire les préparer à entrer de plain-pied dans la vie avec le maximum d'armes et une fondation solide pour qu'ils puissent à leur tour être heureux sur leur chemin. Entre une sévérité d'un autre temps et un laxisme trop souvent rencontré aujourd'hui, il faudra trouver un équilibre.

J'entends trop souvent des parents se défausser de leur responsabilité en prétextant que leurs enfants sont difficiles, ingérables, infernaux, irrécupérables et autres gentillesses de ce genre. Élever un enfant n'est pas un exercice facile surtout lorsque l'on n'est pas soi-même vraiment adulte responsable. Élever un enfant n'est pas une partie de plaisir, surtout lorsque l'on se retrouve parent isolé, qu'un des deux parents disparaît ou quitte le foyer familial.

Voilà qui peut expliquer bien des démissions et des abandons d'exercice de l'autorité parentale.

Expliquer certes, mais pas excuser ! Faire un enfant est facile, plaisant même - reconnaissons que la vie est bien faite, pour assurer le cycle de reproduction, car sinon, sans ce plaisir, la terre se dépeuplerait probablement très rapidement - mais nécessite néanmoins une véritable réflexion en amont avec, en particulier, la prise de conscience et l'acception des responsabilités et des devoirs qui y sont inhérents.

Pour faire un enfant, pour donner à cet enfant tout l'amour, toutes les valeurs, toutes les armes nécessaires à son épanouissement et à son bonheur, il n'est pas obligatoire de rouler sur l'or, ni d'être particulièrement éduqué. Mais par contre, il faut beaucoup d'amour, de sacrifices, de don de soi, de patience.

Et bien se mettre dans la tête en permanence, même lorsque l'on a l'impression (parfois juste d'ailleurs) d'avoir beaucoup donné et peu reçu en retour, que vos enfants ne vous appartiennent pas, mais que vous leur devez tout.

Et je reconnais qu'il n'est pas toujours facile de faire preuve du recul nécessaire pour en être pleinement conscient en toutes circonstances.

Mais tous ces sacrifices, toute cette abnégation, tout ce temps passé et cet argent dépensé, oui, tout ce que vous avez mis de vous, de votre propre vie, dans l'éducation de votre enfant, ne sera pas perdu. Car l'ambition de chaque parent n'est-il pas de voir son enfant heureux sur le chemin de sa propre vie ? Et ce bonheur, dites-vous bien qu'il sera, par ricochet, aussi un peu le vôtre.

Offrir à son enfant la possibilité d'être heureux sur le chemin sur lequel vous l'avez placé, voilà la moindre des choses que vous puissiez faire pour lui. Et également, pour vous, la plus belle des récompenses.

Le sens des priorités

Vous voilà donc cheminant, essayant le plus possible de profiter de cette aventure, dont vous savez pertinemment qu'elle va, un jour ou l'autre, devoir prendre fin.

Tout au long de votre chemin, vous allez devoir faire des choix, traiter et résoudre des problèmes, gérer des crises de toutes sortes, affronter l'adversité, la peur, vous battre pour faire valoir votre bon droit, vous frayer un passage pour avancer à votre rythme, trouver votre place et aller jusqu'au bout de vos rêves. Afin d'avancer l'esprit serein, on en revient toujours là, il va vous falloir apprendre à faire des choix, ne pas perdre votre temps dans des futilités, ne pas vous laisser enfermer ou détourner de votre chemin, en mot : choisir quelles sont vos priorités.

Tant que tout se déroule sans anicroche, que le chemin est calme, que vous avancez sans embûche, sans décision à prendre, sans vous soucier du moindre détail, alors c'est formidable. Vous avez réussi à anticiper le moindre problème et l'horizon est clair, lumineux.

Mais voilà que tout à coup, les nuages s'amoncellent sur votre tête. Que des problèmes non prévus au programme vous tombent dessus par inadvertance. Voilà qu'il va vous falloir prendre des décisions qui vont plus ou moins impacter la suite du programme.

Et, vous l'aurez sûrement déjà remarqué, comme par hasard, les soucis et les problèmes adorent voler en escadrille, tomber en cascade, s'enchaîner les uns après les autres. C'est là qu'intervient votre sens des priorités. Procrastiner n'ayant jamais réglé les problèmes, c'est à vous d'agir. Et pas n'importe comment. Afin d'être le plus efficace possible, la solution consiste à définir un sens des priorités, votre sens des priorités, ou si vous voulez le sens de vos priorités, qui ne sera pas nécessairement celui de votre voisin.

Et une fois ce sens des priorités défini, vous aborderez les problèmes de front, les uns après les autres.

Définir un sens des priorités vous permettra de ne pas perdre de temps à régler des problèmes mineurs ou moins importants que d'autres. Beaucoup de gens ne savent pas définir ce sens des priorités et se noient trop facilement en tentant de se débattre dans des sables mouvants sans pouvoir se focaliser sur tel ou tel objectif prioritaire.

Vous ne pourrez probablement jamais éviter les embûches sur votre chemin, alors apprenez à définir vos priorités et vous aurez déjà fait un grand pas dans la gestion de ces embûches.

Et ne vous laissez jamais abattre par un échec, aussi cuisant soit-il. Les plus grandes réussites se sont souvent construites sur une suite d'échecs, ne l'oubliez jamais et persévérez.

Une question d'équilibre

Dans la vie, rien n'est rarement tout noir ou tout rose. Vous me direz que la naissance d'un enfant tire davantage sur le rose que sur le noir et qu'à l'inverse, le décès d'un être aimé affiche bien plus le drapeau noir que le rose.

Certes, mais toute règle comporte ses exceptions. Et d'ailleurs, en y réfléchissant un peu, cette notion de vie et de mort, n'est-elle pas là aussi une question d'équilibre. L'équilibre entre les naissances et les décès. Mais là n'est pas mon propos.

Dans notre vie quotidienne, sur notre chemin, nous allons devoir faire face à de nombreuses situations qui vont demander réflexion et analyse. Et c'est là qu'intervient cette notion d'équilibre : « L'équilibre est la règle souveraine des plus grands comme des plus petits » aimait à dire Romain Roland, « L'équilibre est le secret de la vie. Et l'absence d'équilibre est la destruction de la vie », disait Hazrat Inayat Khan. Ne dit-on pas d'un fou qu'il est déséquilibré ?

Il ne vous aura pas échappé que plusieurs proverbes et maximes se contredisent dans leur énoncé. Prenez par exemple : « Pierre qui roule n'amasse pas mousse » et à l'inverse, « Les voyages forment la jeunesse » ou bien encore « Qui veut voyager loin ménage sa monture » et inversement « Il faut vivre comme si on devait mourir demain » ! Alors, qui croire ? Où se situe la vérité ? Le droit chemin ?

Dans l'équilibre tout simplement, dans cette notion d'équilibre qui régit la vie, qui nous fait tenir debout dès nos premiers pas, qui nous fait avancer sans tomber à bicyclette, qui assure le bon fonctionnement entre entrées et dépenses dans nos comptes, qui permet au funambule de franchir le vide sur un fil. Cette notion d'équilibre est présente dans tous les domaines de notre vie et la respecter est probablement le meilleur moyen de ne pas tomber. Ne pas tomber dans les excès de tous genres, ne pas partir à la dérive, mais au contraire avancer serein, d'un pas assuré.

Trouver cet équilibre nécessite que l'on ne se laisse pas entraîner dans des chemins de traverse, que l'on ne cède pas à la facilité, que l'on se méfie des extrêmes, dans quelque domaine que ce soit, que l'on fasse toujours la part des choses en considérant tous les aspects des problèmes. Et que l'on se répète, à l'envi, que rien n'est vraiment jamais tout noir ou tout rose. C'est La Fontaine qui disait : « Quand le malheur ne serait bon - Qu'à mettre un sot à la raison - Toujours serait-ce à juste cause - Qu'on le dit bon à quelque chose ».

Alors, si même le malheur est bon à quelque chose, vous voyez, rien n'est vraiment perdu !

J'insiste sur cet équilibre car il régit réellement notre vie et il n'est pas si facile à trouver.

Pour le trouver, cet équilibre, il faut à la fois regarder où l'on marche, évidemment, afin de ne pas se prendre les pieds dans le tapis, mais il faut également regarder loin et avoir une vision circulaire afin de bien savoir vers quoi l'on se dirige.

Il faut regarder à droite et à gauche, s'informer le plus possible, essayer de comprendre ce qui se passe de chaque côté du chemin afin de s'en écarter en toute connaissance de cause, si l'envie nous en prend.

Chance ou réussite ?

Beaucoup de gens confondent, volontairement ou non d'ailleurs, chance et réussite. Qu'est-ce que la chance ?

Prenons des exemples. Si vous lancez un dé qui possède cinq faces avec un 6 et une seule avec un 1 et qu'il tombe sur un 6, c'est assez logique, voire normal. S'il possède quatre faces avec un 6 et deux avec un 1 et qu'il tombe sur un 6 c'est encore relativement normal.

Il s'agit tout simplement d'un pourcentage de chances. Alors, où est la chance ? S'il y a trois faces avec un 6 et trois avec un 1 alors là, comme vous aurez 50% de chance, s'il tombe sur un 6 vous pourrez dire que vous avez de la chance et inversement s'il affiche 1, alors que vous n'avez pas de chance.

Prenons un autre exemple, si vous jouez au loto et que vous ne gagnez pas, ne dites jamais que vous n'avez pas de chance ! Étant donné le pourcentage de chances de gagner, c'est plutôt normal. Si vous prenez un pot de fleurs sur la tête en marchant sur un trottoir, oui, là, vous pourrez dire que vous n'avez pas de chance.

La personne qui fait 100 000 kilomètres en voiture par an aura plus de chances, si l'on peut dire, d'avoir un accrochage que celle qui ne roule que 1 000 kilomètres. Tout est une question de pourcentage.

Qu'est-ce qui différencie la chance de la réussite ? Si vous vous donnez du mal pour obtenir un résultat et que vous finissez par l'obtenir, alors que d'autres échouent, mais ne se sont pas investis, alors vous pouvez parler de réussite mais pas de chance. La réussite est l'aboutissement d'une tentative, qui peut en effet bénéficier du facteur chance, mais qui aura été activement recherchée. Si vous ratissez la plage après les vacances et que vous trouvez 100 euros de pièces, ce sera de la réussite. A contrario, trouver un billet de 100 euros par terre juste en se promenant, ça c'est de la chance pure.

Pour évaluer le degré de chance dans chaque chose, il suffit de calculer le taux de probabilité.

Trop de gens prennent comme prétexte le manque de chance pour expliquer leurs échecs alors qu'il s'agit tout simplement d'un manque de préparation, de volonté, de travail, etc.

La réussite se provoque, la chance ou la malchance arrive par hasard. Ne dit-on pas que pour réussir quelque chose, il faut mettre toutes le chances de son côté ? Mettre toutes les chances, c'est justement faire en sorte de réduire la part d'aléa et d'impondérable.

Le Bonheur ?
Quel bonheur ?
Où placer le curseur ?

Ça y est ! Cette fois vous avez décidé d'être heureux !
Vous avez intégré l'idée et vous êtes prêt ! Bravo !
Mais encore faut-il ne pas être déçu du résultat.
Et pour cela, il est probablement utile de placer
le curseur sur l'échelle de votre propre bonheur !
Tiens, voilà autre chose maintenant ?
Oui, je sais, le bonheur n'est pas chose quantifiable,
il arrive souvent sans prévenir, vous enveloppe le
long de votre chemin, vous accompagne sans même
parfois que vous en ayez conscience. Mais c'est bien
de cette conscience dont il est pourtant question.
Quand je vous dis : « Ne passez pas à côté du
bonheur », c'est justement pour que vous ne vous
rendiez pas compte que vous avez été heureux trop
tard, sans en avoir profité. Pour cela, il importe que
vous placiez vous-même le curseur de votre bonheur.
Et croyez-moi, il n'est pas à la même place pour tout
le monde !
Pour certains, il suffira juste d'être en bonne santé,
d'être entouré de gens que l'on aime, de ne manquer
de rien.

Mais pour d'autres, il prendra d'autres formes, gagner de l'argent, prendre le pouvoir, acheter, voyager, être aimé, conquérir le monde, remporter des trophées, sauver des vies, ne rien faire, etc.

Sans parler des gens qui ne seront jamais heureux, même quand (et surtout) lorsque tous leurs désirs sont satisfaits. Ceux-là sont probablement les plus à plaindre car, comme le disait également si bien La Fontaine, « Rien ne saurait les satisfaire ».

Mais parlons de vous ! De vous qui avez décidé qu'il était temps d'être heureux sur le chemin de votre vie.

Quand je parle de fixer le curseur, il s'agit de déterminer quelles sont pour vous les priorités qui vont diriger vos pas, de ne pas être trop demandeur, tout en restant néanmoins ambitieux. Là encore, nous retrouvons notre notion d'équilibre, si importante.

Car, s'il faut être ambitieux pour sa propre vie, il ne faut pas forcément placer trop haut le curseur de notre bonheur, de peur de ne pouvoir l'atteindre.

Le fait de pouvoir aligner les quatre lettres que nous avons étudiées, n'est-ce pas déjà, en soi, une promesse de bonheur ?

Attention, je ne prétends pas que le bonheur doit être linéaire, que tous les moments de notre vie ont la même couleur ou la même saveur, non, bien entendu, et bien au contraire, si certains instants respirent de façon flagrante cette notion de bonheur, d'autres, à l'inverse, peuvent vous en faire douter, vous plonger dans une profonde tristesse.

Mais, c'est bien l'impression d'ensemble, le sentiment général qui se dégage qui doit vous conduire à cette sensation de plénitude et de bonheur. Un peu comme si vous preniez de la hauteur pour contempler votre vie. Prendre de la hauteur vous permet bien souvent de vous arrêter un instant et de faire le point sur votre existence.

C'est là qu'intervient la notion d'un temps pour chaque chose.

Un temps
pour chaque chose

Sur ce chemin qui est le vôtre, il y a un temps pour avancer, un temps pour s'arrêter et même un temps pour regarder en arrière.

Un temps pour avancer
C'est le temps essentiel. Celui qui prédomine, car c'est celui qui vous permet d'aller plus loin, de voir plus loin, de construire, d'aller de l'avant. C'est le temps de votre existence, celui qui fait que vous tracez votre route, que vous avez trouvé votre voie, que vous bâtissez votre propre sillon.
Ce temps va vous demander de l'énergie, de l'effort, de la réflexion, de la peine parfois, mais c'est le sens de votre vie. C'est en avançant sur votre chemin que vous allez vous accomplir, trouver la sérénité, découvrir le monde, aller à la rencontre des autres, vivre des aventures, bref, vous sentir vivant.

Un temps pour s'arrêter
Oui, car il est nécessaire parfois de savoir faire une pause. Ne serait-ce que pour se reposer, pour faire le point, pour recharger des batteries, pour regarder les choses d'un point de vue calme et serein. Prendre

de la hauteur sur les choses, réfléchir avant d'agir, se concentrer sur ses objectifs, se ressourcer, prendre le temps de vivre tout simplement. Ce temps d'arrêt ne doit en aucun cas être considéré comme un frein ou comme un aveu de faiblesse, au contraire, il est nécessaire à la bonne marche en avant de votre existence. Il doit être mis à profit pour mieux repartir et ne doit pas durer plus longtemps qu'il ne faut, sous peine de ne plus pouvoir repartir.

Un temps pour regarder en arrière

Avancer, s'arrêter puis de nouveau avancer, d'accord. Mais pourquoi parfois ne pas donner un petit coup d'œil dans le rétroviseur ?

À force d'avancer sur votre chemin, vous vous bâtissez des souvenirs, vous collectionnez les bons moments, (oublions les mauvais), vous vivez des expériences enrichissantes, vous apprenez mille choses, vous faites des rencontres, vous aimez, vous jouissez, vous emmagasinez mille souvenirs.

Alors, pourquoi ne pas jeter un œil sur tout ce que vous avez vécu, ne serait-ce que pour revivre ces délicieux moments, pour vous enrichir de ces expériences, pour vous conforter dans votre chemin, pour vous dire que tout cela en valait déjà la peine.

Car nul ne sait de quoi demain sera fait et revoir les beaux moments de votre passé, les faire revivre grâce à votre mémoire, ne peut avoir que des effets positifs sur votre moral.

Je conseille personnellement à chacun, lorsque vient le

moment de se coucher de revivre en quelques instants les moments forts qui ont marqué sa journée.

Cela ne prend que quelques minutes mais vous permet de faire le point sur la journée passée, souvent trop vite passée d'ailleurs, et de se souvenir de moments que l'on avait un peu oubliés ou sous-estimés. Cela permet aussi de libérer son esprit de ce qui peut, de façon souvent inconsciente, l'encombrer, comme un fardeau à traîner.

Ce moment de retour en arrière, ces quelques minutes pour revivre votre journée permet également de mieux aborder celle du lendemain.

Avancer, s'arrêter, regarder en arrière et repartir, voilà ce à quoi doit ressembler un cheminement équilibré.

Faites des projets !

Avancer, d'accord. Mais pas n'importe où et pas n'importe comment ! Avancer pour avancer ne vous procurera pas le sentiment de plénitude ni le sentiment de bonheur que vous êtes en droit d'attendre.

Alors, pour avancer sans cette sensation d'errer comme une âme en peine sur un chemin qui vous entraîne nulle part, sinon à la mort, il est essentiel que vous ayez, soit une passion, nous l'avons vu en amont, soit des projets. Soit les deux à la fois. Ce qui est encore mieux.

Avoir des projets, c'est avancer l'esprit plein d'entrain, c'est avancer avec dans la tête une multitude d'idées, c'est donner un sens à son chemin, c'est se lever chaque matin avec la sensation que l'on sait pourquoi on avance, que notre existence ne se résout pas au seul fait de respirer, manger et dormir.

Il n'est pas nécessaire d'avoir de gros projets, souvent d'ailleurs irréalistes ou irréalisables, dont la non-réalisation vous ferait plus de mal que de bien.

Non, de simples projets feront l'affaire, et ils seront d'autant plus libérateurs d'endorphines que vous les partagerez.

Tiens, nous n'avions encore pas abordé le sujet de l'endorphine peut-être est-il utile de préciser de quoi il s'agit. Selon Wikipédia, une endorphine (l'abréviation de endogenous morphine) est un neuropeptide opioïde endogène, c'est-à-dire un peptide agissant comme un neurotransmetteur, produit par le corps, agissant sur les récepteurs opiacés, sans toutefois être chimiquement apparenté aux composés de l'opium. En fait, les endorphines sont des molécules synthétisées par notre cerveau et notamment par l'hypothalamus et qui procurent une sensation de bien-être. Les sportifs connaissent ce phénomène de bien-être après un effort intense mais on peut également en ressentir les bienfaits après l'acte sexuel, par exemple.

Tout ce qui peut vous procurer de l'endorphine est bon à prendre, cela vous met dans de très bonnes dispositions pour avancer le cœur léger.

Mais revenons à nos projets.

Mener à bien ses projets, ou même, ne serait-ce que les poursuivre, les voir se préciser, voilà qui vous procurera cette sensation de bien-être, la sensation d'exister, de vous sentir vivant, impliqué dans votre propre vie.

Si vous avez peur de ne pas y arriver, de ne pas être à la hauteur, alors commencez par de simples petits projets comme organiser un week-end avec des amis, débuter le yoga ou mettre sur pied un voyage dans ce pays où vous rêvez d'aller. Et vous verrez que de projet en projet, votre vie va devenir une terre de nouveaux projets, de nouveaux défis. N'oubliez jamais non plus cette formule qui vaut pour tous les combats du monde que l'on peut mener : « Je ne perds jamais. Soit je gagne, soit j'apprends. »

J'évoquais plus haut le fait de partager vos projets. Avec tout ce que cela comporte de positif dans votre existence. Le bonheur, on l'a vu, n'a de vraie valeur que s'il est partagé par les gens que vous aimez. De même, les projets ont d'autant plus de force et d'intérêt que vous pouvez les partager avec d'autres, que vous pouvez les mener à bien ensemble. Ils sont alors facteurs de cohésion sociale, ils soudent les êtres qui s'aiment, ils favorisent les rapprochements entre les peuples.

Alors, quel est votre prochain projet ?

Fuyez les gens négatifs !

Votre chemin sera peuplé de gens aux personnalités et profils très variés. Plus vous en rencontrerez et plus vous serez fascinés par la diversité des caractères, par la complexité aussi, des personnes que vous fréquenterez. Chez les gens en général, tout est rarement tout noir ou tout rose, tout mauvais ou tout bon. Mais, chez certains, le côté obscur est très prononcé. Ce sont ces gens qui, n'avançant pas eux-mêmes pour diverses raisons, feront tout pour qu'il en soit de même pour vous.

Ces personnes ne croient en rien, doutent de tout, ont peur de tout, sont les premières à critiquer tout ce qui est fait et ne proposent absolument rien. Ce sont ces mêmes personnes qui parlent de vous en mal dès que vous avez le dos tourné, qui souffrent de jalousie chronique, qui se délectent des malheurs des autres, qui épient vos moindres faits et gestes, qui ne supportent pas le succès des autres.

Ces personnes sont négatives. La Fontaine, toujours lui, disait fort à propos : « Jamais auprès des fous ne te mets à portée. Il n'est enseignement pareil Je ne te puis donner un plus sage conseil. Il n'est enseignement pareil À celui-là de fuir une tête éventée ».

Dans le même ordre d'idée, le conseil que je peux vous donner consiste à éviter les gens négatifs, ils ne seront bons qu'à vous freiner dans votre cheminement, à vous miner le moral, à alourdir votre fardeau, à noircir votre horizon.

Au contraire, sachez vous entourer de personnes inventives, enthousiastes, pleines de vie et d'entrain, toujours partantes pour aller de l'avant, qui vous encourageront dans vos initiatives, ne vous jugeront pas, vous accompagneront dans vos projets et rendront votre chemin plus agréable, plus lumineux. Si l'on ne choisit pas sa famille, par contre on peut choisir ses amis et il ne tient qu'à vous de savoir vous entourer de personnes positives.

J'ai toujours eu coutume de dire, dans l'exercice de mes fonctions, que j'acceptais toujours volontiers la critique lorsque celle-ci était constructive. En effet, si la critique est vraiment facile, l'art est difficile et si l'on veut avancer, il est important de proposer autre chose, de ne pas simplement critiquer pour le simple plaisir de la critique.

Et encore, proposer pour proposer n'est pas encore vraiment satisfaisant, car il s'agit avant tout de proposer des choses réalistes. Combien de « Faut qu'on, y a qu'à » peut-on entendre ici et là, dans n'importe quel domaine ! Les conseilleurs n'étant pas toujours les payeurs, privilégiez les personnes qui s'engagent dans les voies qu'elles préconisent.

Ah, l'engagement, que voilà un terme que peu de gens connaissent !

Comme il est plus facile de critiquer, de salir, de s'opposer, de dénigrer, de donner des conseils gratuits quand ce ne sont pas des leçons ! Mais comme il est difficile de se lancer soi-même, d'aller au combat, de s'engager pour faire avancer les choses, de prendre des risques…

Oui, croyez-moi, fuyez les personnes négatives qui vous tirent sans cesse vers le bas, et au contraire, battez-vous pour faire avancer vos opinions, entourez-vous de personnes qui vous tireront vers le haut, engagez-vous !

N'ayez pas de regrets

Voilà, vous cheminez maintenant de façon plus légère, plus sereine, vous prenez conscience de votre bonheur, vous le vivez pleinement, vous en jouissez à chaque instant de votre vie, vous souriez en vous levant, vous souriez en vous couchant, vous vous émerveillez devant une fleur, un coucher de soleil, un paysage grandiose, le sourire d'un enfant, la beauté des personnes que vous aimez. Et ce ne sont pas les quelques contrariétés, les embûches et les problèmes que vous rencontrez fréquemment qui vous empêchent de continuer votre route, car vous savez les surmonter, les relativiser, les dépasser.

Il arrive aussi néanmoins des moments où vous devez prendre des décisions impactant votre vie. Et, si, souvent, vous prenez les bonnes décisions, parfois il se peut que vous vous trompiez. Comment faire autrement ? Nul n'est parfait et l'erreur est humaine, n'est-ce pas ?

Mais, quelles que soient la ou les décisions que vous allez devoir prendre ou que vous avez déjà prises, une chose importe : ne pas les regretter !

Avoir des regrets ne sert à rien, bien au contraire. Tout d'abord parce que c'est trop tard, vous ne pourrez revenir en arrière, ce qui est fait est fait et le regretter n'y changera rien. De plus, vivre en ayant des regrets est de nature à vous perturber, à vous miner le moral, non seulement parce que vous avez l'impression d'avoir subi un échec personnel mais aussi parce que vous mettrez plus facilement en doute les prochaines décisions que vous aurez à prendre.

Alors, quelles que soient les répercussions des décisions que vous avez prises ou pas, d'ailleurs, cela revient au même, n'ayez aucun regret ! Essayez juste d'en tirer les conclusions les plus positives possible, en y réfléchissant, en analysant le pourquoi du comment, et en essayant de ne pas commettre les mêmes erreurs la prochaine fois.

Et les remords ?

Il en va presque de même pour les remords. Ceux-ci peuvent tout autant vous gâcher l'existence et très souvent, vous n'y pourrez rien, car si les regrets peuvent être facilement annihilés par votre volonté, par contre les remords sont plus profondément ancrés en vous et vous perturberont sans que vous puissiez réellement y faire grand-chose. Alors, qu'y faire ?

La meilleure solution que je vous propose est de ne pas se mettre en position d'en avoir. Je m'explique : avant de prendre telle ou telle décision, je préconise toujours un temps de réflexion (lorsque cela est possible, bien évidemment).

Ce temps de réflexion sera mis à profit pour évaluer

les conséquences de votre décision et des actes qui en découleront.

Et c'est donc à ce moment précis qu'il faudra bien calculer les effets de votre décision et donc, la possibilité ou non d'avoir des remords par la suite. Dans ce domaine des remords, la prévention est encore la meilleure médecine. Ensuite, à vous de vivre avec et de les dédramatiser au maximum afin qu'ils ne viennent pas bousculer votre bel ordonnancement. Et surtout, vivez, vivez et vivez encore, la pire chose dans ce monde est de mourir de son vivant.

Mais ayez des rêves !

La vie n'est pas un long fleuve tranquille. Elle est faite de beaux et de moins beaux moments, de périodes d'euphorie et de temps plus douloureux. Et personne n'y échappe.

Il est des instants où les problèmes, les soucis, les tracas, les malheurs viendront frapper à votre porte. Où le poids du quotidien paraîtra trop lourd à porter. Dans ces moments-là mais aussi dans les bons moments, j'estime qu'il est important, voire même primordial, d'avoir des rêves.

Ses propres rêves, qui peuvent se matérialiser sous de bien différentes formes. Vous pouvez rêver de sillonner le monde sur votre bateau, de remporter la coupe du monde de Rugby avec votre équipe, de devenir président de la République, de sauver le monde de la famine, de construire une cabane en bois et de vivre en sauvage au bord de l'océan, de devenir une vedette de cinéma, d'épouser un roi ou une reine et de vivre dans un palais…

Le choix est vaste et votre imagination sans limite.

Mais ces rêves vous aideront à passer les moments difficiles, ils vous porteront lorsque dans la nuit, vous ne trouverez pas le sommeil, et il se peut même que vous ayez l'illusion de les vivre lorsque se confondent, dans la complexité des méandres du sommeil, le rêve et la réalité.

Oui, ayez des rêves, mais ne les réalisez pas !

Voilà qui peut paraître étrange en effet. Ne pas réaliser ses rêves ? Et pourquoi donc ?

D'une part, parce que ce seront souvent des rêves inaccessibles, c'est d'ailleurs bien pour cela qu'ils se différencient des projets, mais, surtout aussi, parce que les réaliser les tuerait tout simplement.

Or, le principe même du rêve qui vous accompagnera toute votre vie, c'est justement de rester un simple rêve. Tout en constituant, pour être totalement motivateur et euphorisant, toujours une possibilité plus ou moins réaliste. C'est toute la difficulté de ces rêves. En d'autres termes, il est des rêves que l'on peut poursuivre toute sa vie et réaliser un jour. Et cela est formidable.

Mais il est tout aussi important d'en avoir qui resteront à jamais inaboutis, comme une forme d'évasion, de mirage, de mission impossible, qui vous permettront de vous réfugier dans leur univers féérique et imaginaire pour vous évader sans fin d'un quotidien pas toujours rêvé !

A vous de vivre !!!

Voilà, ici s'achèvent ces quelques conseils pour vivre le plus heureux possible sur le chemin de votre vie.

N'oubliez jamais que la vie, le cadeau que l'on vous a fait, n'est pas forcément un exemple d'équité et d'égalité. Nous naissons tous différents, certains sont petits, d'autres grands, certains beaux d'autres moins, certains en pleine santé, d'autres de santé fragile, certains naissent et vivent dans des milieux aisés, d'autres dans les bidonvilles, et je pourrais multiplier les exemples à l'infini.

Il vous faudra donc faire avec les cartes que la nature vous a données, et qui ne sont en rien des gages de bonheur ou de malheur.

À chacun de prendre sa vie en main, pour certains ce sera probablement plus difficile que pour d'autres, mais j'aime beaucoup cette formule bien connue :

« Ayez la force d'accepter
ce que vous ne pouvez changer,
le courage de changer ce que vous pouvez changer
et la sagesse de savoir faire
la différence entre les deux. »

Je vous souhaite tout le bonheur du monde...

Un grand merci à tous ceux qui ont accepté
de relire ce premier essai et de lui apporter
remarques judicieuses et corrections bienvenues…
Malo, Kakouette, Mirzou, Éric (Der Man)
et la très précieuse Manoum…

Table des matières

ISBN 9782322260805